COFIO CAPEL CELYN

WATCYN L. JONES

Argraffiad cyntaf: 2007

⊕ Hawlfraint Watcyn Lloyd Jones a'r Lolfa Cyf., 2007

Cynllun y clawr: Y Lolfa

Rhif Llyfr Rhyngwladol: 978 184771032 1

Cyhoeddwyd, rhwymwyd ac argraffwyd yng Nghymru
gan Y Lolfa Cyf., Talybont, Ceredigion SY24 5AP
gwefan www.ylolfa.com
e-bost ylolfa@ylolfa.com
ffôn 01970 832 304
ffacs 832 782

RHAGAIR

YN 1923 COFNODWYD I Lloyd George, a gyfrannodd mor helaeth i fuddugoliaeth Prydain yn y Rhyfel Byd Cyntaf, gwyno a dweud, "It is a monstrous thing for English Corporations to come to Wales and drown our historic and beautiful valleys". Credir mai boddi tref y Bala gan Warrington oedd dan sylw bryd hynny.

Ond erbyn ei gwyn, roedd dinasoedd Birmingham a Lerpwl eisoes wedi taro aur ac wedi cronni miliynau ar filiynau o alwyni o ddŵr. Yng Nghwm Elan roedd Birmingham wedi meddiannu tir a chrynhoi dŵr mewn pum cronfa, tra oedd Lerpwl wedi colli, mewn ardal Gymraeg arall, ddeg fferm, tri deg saith o dai, eglwys, dau gapel, tair tafarn, llythyrdy ac un hen blasty yn Efyrnwy. Gwnaed hyn yn ddidrugaredd gan ddryllio teuluoedd ond heb fawr ddim gwrthwynebiad undebol.

Ystyrid Cymru, heb unrhyw deimlad o euogrwydd, fel rhyw fuwch i'w godro o'i hadnoddau, bydded yn lo o'r ddaear neu'n law o'r nen. Dadl y dinasoedd drwy'r amser oedd, ac a bery hyd heddiw, fod y glaw yn disgyn ar y drwg a'r da, heb unrhyw ffin gwladol, ac felly'n perthyn i neb tan ei gasglu. O ganlyniad, yn eu barn hwy ac yng ngholofnau'r papurau Saesneg, ni chwyd y cwestiwn diflas o dâl, iawndal nac euogrwydd o ladd cymunedau a chreu aflonyddwch.

Codi tâl am feddiannu dŵr? Chlywyd mo'r fath beth tan amser Tryweryn!

Collwyd darnau o dir Cymru dro ar ôl tro. Wrth i'r blynyddoedd fynd rhagddynt datblygodd ymwybyddiaeth o Gymreictod. Protestiodd nifer o genedlaetholwyr o wahanol bleidiau gwleidyddol yn erbyn y sarhad cenedlaethol a ddioddefodd Cymru, ond clytiog ac aflwyddiannus fu'r ymdrechion.

Er enghraifft, crëwyd yr argraff mai ymryson rhwng Plaid Cymru a Lerpwl oedd brwydr Tryweryn ac o ganlyniad talwyd tipyn o sylw i gyfraniad y Blaid. Gellid awgrymu hyd yn oed na fyddai Plaid Cymru heddiw yn blaid amlwg a chynyddol ei safle heb y cymorth y bu brwydr Tryweryn iddi.

Sut, felly, y llwyddodd y Goliath, yn ffurf corfforaeth dinas Lerpwl, foddi pentref ac ardal ddi-nod Capel Celyn, ac arwain at y fath gynnwrf?

Yn y tudalennau dilynol ceisir rhoi cipolwg ar dipyn o'r hanes a'r canlyniadau.

Oherwydd treigl amser, mae'r nifer o bobl a gofia ddigwyddiadau'r dydd ym mhumdegau'r ganrif ddiwethaf wedi lleihau'n sylweddol. O ganlyniad, teimlwyd yr angen i dalu sylw a manylu ar destunau y byddai'r darllenydd hŷn yn orgyfarwydd â nhw.

Rwyf yn ddyledus iawn i fy merch Rhian gan mai hi a lywiodd y cynnyrch hwn o'r lawysgrif, drwy'r prosesydd geiriau ac at y ffurf dderbyniol y gwelwch chi yma. Wedi nodi hyn, rhaid cydnabod mai fy nghyfrifoldeb i yw unrhyw ffaeleddau. Rwyf yn ddyledus hefyd i'm cymydog, John Dymond, am ddarparu ac addasu'r lluniau ar gyfer y wasg. Hoffwn ddiolch hefyd i Wasg y Lolfa am eu parodrwydd i gyhoeddi'r gyfrol hon ar fyr rybudd a'i hargraffu'n gelfydd ac i'r golygydd, Meinir Wyn Edwards.

Pennod 1

A ETH HANNER CAN MLYNEDD heibio er dedfrydu pentref bychan Capel Celyn i ddinistr – Awst y cyntaf 1957 oedd y dyddiad y rhoddodd y Frenhines ei llofnod i gadarnhau fod Mesur Preifat Corfforaeth Lerpwl i foddi Cwm Tryweryn wedi ei gyflawni.

Dros y blynyddoedd ers hynny daeth yr enw Tryweryn yn bur adnabyddus yng Nghymru a rhyfedd yw hyn yn wyneb y ffaith i nifer o safleoedd a chymunedau eraill gael eu colli i awdurdodau nerthol o Loegr. Er enghraifft, tua diwedd y bedwaredd ganrif ar bymtheg boddwyd dwy ardal fwy eu maint o lawer na Thryweryn i foddhau gofynion dŵr Birmingham a Lerpwl. Cyflawnwyd y

Llun o Gwm Tryweryn a gafwyd o swyddfa'r Times *yn Llundain.*

meddiannau dirmygus yma heb fawr o drafferth ac heb ystyried hawliau'r trigolion a cholled y cymunedau Cymraeg eu hiaith ar Gymru a'i diwylliant. Yn amser y Frenhines Victoria yr oedd Prydain Fawr a'i hymerodraeth yn holl bwysig, gyda'r haul yn tywynnu ar ryw ran ohoni drwy gydol pob dydd. Dro ar ôl tro yn y ganrif ddilynol collodd Cymru ardaloedd eraill Cymraeg eu cefndir, fel Epynt, heb greu helynt fel y gwelwyd yn dilyn boddi Cwm Tryweryn.

Tua ugain mlynedd ar ôl y boddi, pwyswyd arnaf, fel un a aned ac a drigodd yn y pentref am ddeunaw mlynedd, i gofnodi peth o hanes yr ardal a'r ymgyrch i wrthwynebu Lerpwl i foddi'r lle a disbyddu'r gymuned. Yn fy nghyfrol *Cofio Tryweryn* a gyhoeddwyd yn 1988, ac a ddilynwyd gan argraffiad ychwanegol gan Wasg Gomer, rhoddais hanes ardal Capel Celyn ac Arenig mewn un rhan a manylion am gwrs y mesur yn San Steffan yn yr ail ran. Yn ddigon naturiol aeth y llyfr allan o brint rai blynyddoedd yn ôl. Digon disgwyliadwy hefyd yw'r ffaith na ŵyr y genhedlaeth iau heddiw fawr am yr ymgyrch a'r gwleidyddion a benderfynodd gwrs y cynllun boddi. Iddyn nhw, yn aml, cysylltir y gair Tryweryn â digwyddiadau neu ddisgwyliadau lle y gellid gweld Cymru yn dioddef ymhellach. Yn 2005 gwnaeth cynghorwyr corfforaeth dinas Lerpwl y datganiad eu bod yn dymuno ymddiheuro am weithred eu hawdurdod trwy foddi ardal Tryweryn yn 1957. Clywyd rhai lleisiau yng Nghymru yn awyddus i dderbyn eu cyhoeddiad a'u cynnig i wahodd yr Eisteddfod Genedlaethol i'w dinas hyd yn oed. Ond i lawer mwy o Gymry, roedd y datganiad, er i'w groesawu, yn rhy hwyr o lawer. Nid cynghorwyr y ganrif hon a fu'n gyfrifol. Collodd y gorfforaeth ei gafael ar y gronfa yn 1974, a throsglwyddwyd hi i Ddŵr Cymru. Er hyn rhaid cofio y deil awdurdodau Seisnig i feddiannu a rheoli dros drigain y cant o'r dŵr a geir yng nghronfeydd Cymru.

Man cychwyn Afon Tryweryn yw llyn bychan ger Cwm Prysor, ychydig i'r dwyrain o Drawsfynydd, a beintiwyd gan

Afon Celyn o safle'r hen bont i fyny at y bont newydd. Dros y blynyddoedd rhedodd ei dŵr yn ddwfn dan ddŵr y llyn.

Augustus John. Cyn y boddi, rhedai'r afon heibio i bentref bach Arenig, lle roedd chwarel ithfaen, ac i lawr y cwm nes ymuno â'r Ddyfrdwy ger Llyn Tegid yn y Bala. Rhaid cofio i ran o gwm Afon Celyn gael ei foddi hefyd. Afon dipyn llai yn codi yn yr ucheldir i gyfeiriad Ysbyty Ifan yw honno. Llifai drwy'r pentref o dan y bont rhwng y capel a'r ysgol nes ymuno â'r Dryweryn mewn safle sydd nawr islaw tua chanol y llyn.

Safai Capel Celyn ar y ffordd o'r Bala i Ffestiniog ychydig dros chwe milltir i'r gorllewin o'r Bala. Gyda hanner dwsin o dai, prin y gellid ei alw yn bentref go iawn. Eto, yr oedd yn eithaf adnabyddus ym Mhenllyn ac yn perthyn i ddau blwyf sef Llanfor a Llanycil. Adeiladwyd y ffordd newydd gan Lerpwl i redeg ar ochr ogleddol eu cronfa, ac mewn un darn ar hyd safle'r cloddiau terfyn rhwng y rhosydd a'r mynydd-dir. Croeswyd Afon Celyn drwy adeiladu pont wrth y drofa ar gornel bellaf y llyn o'r argae. O sefyll tu allan i ddrws yr adeilad coffa, gellir dychmygu safle'r pentref ryw chwarter milltir i'r de. Yn wahanol i rai cronfeydd

Yr hen bont adeg sychder.

Sychder mawr 1984 a'r llyn yn wag. Safai'r ysgol lle mae'r ferch a'r Llythyrdy lle saif y dyn. Yn y cefndir gwelir y fynwent a'r Arenig Fawr.

eraill, distrywiwyd pob adeilad a chludwyd meini o bob man i wneud yr argae. Teirgwaith ers y boddi, gwelwyd hafau eithriadol o sych a bu'n bosibl, yn enwedig yn 1976, i fynd â cherbyd i lawr at y bont oedd yn dal yno a'r dŵr yn llifo oddi tani.

Yn dilyn yr ail sychder, nodwyd lleoliad yr adeiladau gyda'u henwau. Gorchuddiwyd man y capel a'r fynwent gyda choncrit yn 1964, sef adeg y boddi, a gadawyd rhai beddau heb aflonyddu arnyn nhw. Ailgladdwyd gweddillion unigolion eraill mewn mynwentydd cyfagos yn ôl dymuniad y teuluoedd. Symudwyd cerrig beddau y rhai a adawyd i ddarn o dir gerllaw'r adeilad coffa ac yno y maent yn awr.

O edrych yn ôl i'r gorffennol pell, ymddengys i'r Rhufeiniaid ar eu ffordd o Gaergai ger Llanuwchllyn, adeiladu dwy ffordd yn yr ardal. Gydag enwau fel Gwern Adda a Gwern Delwau (enwau yn llawn dirgelwch) yn awgrymu lle corsiog, cadw at y tir uwch a wnaeth y concwerwyr. Bu tystiolaeth i dywysogion Cymreig ac uchelwyr Normanaidd hela yn yr ardal yn eu dydd. Darllenwyd hefyd y bu trafferth gyda bleiddiaid yn y cyffiniau ar un adeg. Ar y ffordd agosaf i'r pentref ar yr ochr ogleddol darllenwyd cyhuddiadau i lawer o ddihirod yn ogystal â milwyr deithio arni ar eu ffordd i'r ganolfan yn Ysbyty Ifan a berthynai i Ysbyty Sant Ioan o Gaersalem. Dëellir i'r ganolfan honno fodoli o 1190 hyd 1541. Yn y cyfnod hwnnw ymddengys y perthynai llawer o'r tir i fynachlogydd fel Halston ger Amwythig, Ystrad Marchell ac Abaty Dinas Basing ger Treffynnon.

Yn fwy diweddar gwelwyd llawer o drigolion gorllewin Gwynedd yn teithio tua'r Bala, sef canolfan bwysig yn nyddiau gloywaf crefydd yng Nghymru fel ar amser diwygiad 1859. Gwelodd *green* Y Bala bregethwyr amlycaf y genedl gan gynnwys William Williams Pantycelyn (1717-91). Credir i addoldy o ryw fath sefyll nid nepell o safle'r tŵr rheoli dŵr presennol ond, tua 1892, penderfynwyd adeiladu capel newydd go iawn gydag organ a lampau paraffin. Darllenwyd y ffurfiodd un o'm teulu, a oedd yn dipyn o gerddor, gerddorfa o fewn yr eglwys hefyd, sef rhywbeth pur annisgwyl. Rhoddwyd y tir gan Watkin Watkins, sef hen daid i mi sydd â charreg fedd urddasol, gyda dyfyniadau lu o'r Beibl arni, ym mynwent Eglwys Llangwm.

Agorwyd y capel newydd yn 1893 gan wraig y tirfeddiannwr mwyaf ym mhlwyf Llanfor, sef Bonwr mawr y Rhiwlas, ger y Bala. Adeiladwyd yr ysgol a'r tai cyn hyn tua 1871. Felly, pentref digon di-nod a diweddar oedd Capel Celyn.

Y llythyrdy a'r ysgol cyn eu dinistrio.

Yn ystod fy mywyd ymwelais ag ugeiniau o fannau diddorol tramor, o Seland Newydd i San Francisco ac o'r Cape Gogleddol i Gape Town. O ganlyniad, deuthum i'r casgliad nad oes unrhyw wlad o'r un faint, neu o unrhyw faint o ran hynny, sydd â chefndir diwylliannol mwy disglair na Chymru, fy ngwlad! O ystyried gweithgareddau cefn gwlad a diddordebau gwerin y mannau estron, prin y gallant gystadlu â Chymry dybiaf i.

O edrych ar Gymru yn gyffredinol, gwelwyd drwy'r

cenedlaethau lawer o feirdd a phregethwyr hynod dalentog. Perthyn i ni ein heisteddfodau sy'n parhau i ffynnu er cymaint y cilio a welwyd o gefn gwlad. Gwnaeth yr Ysgol Sul a'r Ysgol Gerdd ein gwerin yn un anarferol o fedrus ym maes "y pethe". Daeth yr Urdd, hefyd, gyda'i miloedd o aelodau yn fodd i godi safonau mewn cerdd, cân a dawns ymysg yr ifainc. Darllenwyd yn 2006 fod yn ein gwlad gymaint â chant a deugain o gorau a phartïon o faint ac o safon uchel yn bodoli, gyda gogonedd y cyfoeth lleisiol i'w fwynhau mewn mannau fel Canolfan y Mileniwm. Pa ddinas yn y byd o faint Caerdydd sydd â hanner dwsin o leiaf o gorau o safon rhyng-genedlaethol? Ble, yn y byd, hefyd, y ceir unigolion o bob cefndir, o dan feuryn dihafal ei feirniadaeth, sy'n gallu barddoni a chynganeddu mor gywrain yn

Actorion 'Y Sipsiwn' mewn 'Cyfarfod Bach' yn y pentref. O'r chwith (cefn) – Elisabeth, Anwen (Ty'n Bont), Morfydd (Crugnant), Donos, Mary Elin (Gwern Delwau), Watcyn o Feirion. O'r dde – Jennie (Penbryn), Mair (Maes y dail) a 'Waci Loud'.

y Talwrn?

Gellid yn hawdd beirniadu'r brawddegau uchod fel broliant ystrydebol a gofyn sut y daw'r cysylltiad â Chwm Tryweryn.

Yn Sir Feirionnydd ceir pum plwyf Penllyn ac yng nghyfnod fy mhlentyndod i, Llandderfel oedd y pentref amlycaf, gyda'i bafiliwn a'i ddoniau cerddorol anghyffredin. Roedd Llwyd o'r Bryn a'i fath yn llawn hwyl a Llywela Roberts a Catherine Evans (gyda'i thad o Dryweryn) yn disgleirio ym myd cerddoriaeth. Ers hynny, daeth Llangwm a Llanuwchllyn yn fwy i'r amlwg. Er enghraifft, gwnaeth Emrys a Dewi Jones o Langwm gyfraniad tra phwysig ym myd cerdd dant. Daeth y Bala ei hun hefyd yn lle â llawer o dalentau fel y nodir o ddarllen ei phapur bro. Yng Nghapel Celyn, bendithiwyd yr ardal â theuluoedd dawnus a theuluoedd mawr.

Yn Nhŷ-nant lle trigai fy nhaid a Morfydd, sef cyfnither i mi a merch hynod annwyl a ofalai amdano, gwyddwn am bob carreg a ffos ym mhob cae. Ffermid y tir yn ofalus a cheid cnydau da o wair yn y weirglodd ac hyd yn oed yn yr achub. Casglem y gwair gyda chribyn fach a char llusg. Roedd pob man yn ddestlus.

Y mwyaf eithriadol o'r tyddynwyr yng Nghwm Celyn oedd John Jones, Cae Gwernog. Deil y tŷ ar lechwedd i'r gorllewin uwchlaw'r bont newydd. Cawr o ddyn oedd John a'i waith oedd gofalu am y ffordd fawr am gyflog o ddeg ar hugain swllt yr wythnos. Yn yr haf, torrai John bob modfedd o'i gaeau gwair efo'i bladur ac edrychai'r lle fel pin mewn papur, mor wahanol i'w gyflwr heddiw. Yr oedd ei wraig yn hynod drefnus a gweithgar ac fe fagodd bedwar ar ddeg o blant hyfryd. Cartrefodd y plant ym Mhenllyn.

Dilynwyd Robert Jones yn Nhŷ-nant gan Bob a Mair a'u teulu mawr eto, a chodwyd plant dawnus yno hefyd. Er eu bod yn byw mor anghysbell, llwyddodd y plant mewn sawl maes, a bod yn glod i'w rhieni. Cwtogwyd bywyd Bob gan ddamwain car gan yrrwr euog, a bu farw Mair ar ôl trigo yn y Bala yn ystod ei blynyddoedd olaf. Bu farw Mair ym Mai 2007, wedi bod yn fam ardderchog i deulu clòs a hapus.

Aeth y mab hynaf i Ganada ac ymgartrefu yno tra dilynwyd ef gan ei frawd iau, Gareth, a lofruddiwyd gan ddihiryn a ladratodd ei arian.

Fel y manylwyd yn *Cofio Tryweryn*, dros y blynyddoedd trigodd nifer o gymeriadau tra diddorol yn yr ardal. Er enghraifft, cadwodd yr hen· Morris Vaughan Jones, Bryn Ifan ddyddiadur dros gyfnod o ddeugain mlynedd o 1872, a gwelwyd rhan dda ohono yn *Y Cymro* yn 1961. Diddorol, a doniol yn aml, oedd ei sylwadau ar ddigwyddiadau'r dydd a'i brofiadau ef ei hun o weld ysbryd ac ati. Yr oedd yn daid i ganwr bas enwog a enillodd lawer o gystadlaethau fel y Rhuban Glas yn yr Eisteddfod Genedlaethol. Y canwr enwog oedd Alun Jones a oedd yn fab i John Morris Jones a fyddai wedi cael, mewn oes mwy diweddar, cymaint o lwyddiant ag Alun gyda'i lais bas trwm ardderchog.

Un arall a gofnododd dipyn o hanes yr ardal (ac a fu o gymorth i mi hefyd) oedd Johnny Rowlands, dyn busnes a masnachwr hynod glyfar gydag anifeiliaid. Perthyn cysylltiad â theulu'r Rowlands yn ei wyrion sef cigyddion adnabyddus yn y Bala. Yn y dref hefyd triga'r prifardd Elwyn Edwards a'i wreiddiau yn Nhryweryn. Yn wir, gellid gwneud rhestr hir o feirdd a chantorion o'r ardal gan gynnwys Beti Hughes, o'r Manod yn awr, enillydd arall y Rhuban Glas. Byddai'n anodd cynnwys yr holl ddoniau a'u gwreiddiau yn Nhryweryn.

Fel ardaloedd Cymreig di-rif eraill bu ymfudo cyson o Gwm Tryweryn. Un cyfnod sy'n haeddu ei grybwyll yw'r un a welodd nifer o Dryweryn a Chwm Tirmynach cyfagos yn ymfudo tua phedair canrif yn ôl i'r Unol Daleithiau. Oherwydd gormes swyddogion y gyfraith a chyfyngiadau crefyddol yr Eglwys, sef Eglwys Loegr bryd hynny, cafodd yr Anghydffurfwyr, yn enwedig y Crynwyr, amser anodd a chosbau creulon iawn.

Un o'r unigolion annwyl a diddorol a alwai yn ein cartref

yn y Llythyrdy yng Nghapel Celyn oedd Bob Owen Croesor. Ymddangosai Bob, i mi, fel gŵr a wyddai bob dim am bob peth! Yn ôl yr hyn a sgrifennodd, datganodd fod Hafod Fadog (a foddwyd gan Lerpwl) yn un o gartrefi enwocaf Cymru ac yn un o dri safle a anwybyddwyd gan awduron Cymru. Ychwanegodd y gwyddai gwybodusion Pennsylvania lawer mwy am y bobl a gyrhaeddodd o Gymru nag a wyddom ni.

Cyfeirio ydoedd at y nifer sylweddol a adawodd o'r ardal am dalaith William Penn i osgoi cael eu poenydio. Ymddengys i ddarn o ffermdy Hafod Fadog fod yn rhyw fath o gapel i Grynwyr yr ardal ac i'w mynwent fod gerllaw. Cyn 1700 doedd dim ar feddau Crynwyr ond carreg fedd ar ei fflat gyda dwy lythyren a dyddiad i goffáu'r meirwon. Ymddengys i'r addoli a'r claddu yma ddod i ben rhwng 1710 a 1730, ac un person o fri yn ei ddydd a gladdwyd yno oedd John ap Thomas. Daeth eraill yn ddinasyddion pwysig a daeth un o feibion yr ymfudwyr yn Faer Dinesig Philadelphia. Ymysg y nifer sylweddol a ymfudodd i Bennsylvania roedd Ellis Hugh a'i bedair merch. Priododd un o'r teulu, sef Elin, â Chadwaladr Evans o Fron-goch (1664-1745) ac ymfudo a chael merch o'r enw Sarah.

Yn ôl cyfrol C.H. Browning *Welsh Settlements of Pensylvania* (1912), cynhelid cyfarfodydd a elwid yn "Gwynedd Meetings" a roddai gyfle i fechgyn a merched ddod i adnabod ei gilydd a phriodi o bosib.

Ymddengys i Sarah ar 11 Hydref 1711 gyfarfod â John Hank o White Marsh bryd hynny, ei briodi maes o law, a chael merch o'r enw Nancy. Wedi symud i Fayette County, priododd Nancy ddyn o'r enw Thomas Lincoln. Mab iddyn nhw oedd Abraham Lincoln, un o'r arlywyddion enwocaf a welodd yr Unol Daleithiau. Cofir iddo gael ei saethu mewn theatr yn Washington, a sgrifennwyd llawer o lyfrau amdano. Dros y blynyddoedd ymwelodd nifer o Americanwyr â'r Bala a'r pentrefi cyfagos ac ymddengys i statws Cymru godi yn sylweddol yn ystod y blynyddoedd diwethaf yn yr

Unol Daleithiau a llawer yn ymfalchïo yn hanes eu teuluoedd.

Mewn rhai ardaloedd Cymreig fel Llanrwst, cynigiodd y boneddigion a'r uchelwyr lleol gyfleoedd i blant disglair eu dyfodol. Ni dderbyniodd plant bro Tryweryn y fath fanteision. Er mawredd cefndir y teulu, wnaeth perchennog y tir ddim hyd yn oed gyfarfod anghenion elfennol yr anedd-dai heb sôn am noddi ysgolheigion. Nid oedd abatai na phlastai cyfoethog yn agos i'r ardal, ond er yr anawsterau o fyw mewn lle mor anghysbell, bu i nifer o blant Penllyn ddal swyddi o bwys. Ni raid ond cofio am gyfraniad O.M. Edwards o Lanuwchllyn i addysg yng Nghymru. Hyd yn oed yn ystod yr Ail Ryfel Byd, cynlluniodd ac arolygodd un gŵr ifanc o Gapel Celyn adeiladu nifer o ystadau a ffatrïoedd mawr yn Lloegr a Chymru fel yn Wrecsam a Phen-y-bont ar Ogwr. Hefyd, cynlluniodd Ganolfan Atomig yn Copenhurst ger Caer a chwblhau ei yrfa fel prif gyfarwyddwr y llywodraeth gyda'u datblygiadau o weithfeydd enfawr glo brig yng Ngogledd Lloegr a'r Alban.

Gellid helaethu'n sylweddol ar gyraeddiadau unigolion eraill disglair Cwm Tryweryn ym myd addysg a diwylliant ond gwnaed hynny yn y gyfrol *Cofio Tryweryn* ac ni fwriedir aildroedio yma.

Pennod 2

Yn 1955 daeth sibrydion i'r wyneb fod Corfforaeth Lerpwl yn bwriadu cael gafael ar gronfa ddŵr i ychwanegu at y cyflenwad hael a geid eisoes o'u cronfa yn Efyrnwy. Cadarnhawyd fod y Gorfforaeth eisoes wedi trefnu i gynyddu'r rhediad o'r gronfa honno ond y byddid yn chwilio am safleoedd eraill i sicrhau digonedd o ddŵr ar gyfer y dyfodol. Un o'r cynlluniau hyn oedd chwilio'n ddirgel yn Nolanog ym Maldwyn, nid nepell o Efyrnwy.

Cymerwyd y newydd yma gyda dicter yng Nghymru am y bwriedid boddi darn o'r wlad a oedd yn bwysig am ei fod yn gysylltiedig â chartref a chapel coffa Ann Griffiths, un o emynwyr mawr y genedl.

Dangosodd y gwrthwynebiad cryf yma fod mwy o unoliaeth yn y wlad y tro hwn, gyda golwg ar golli tir i awdurdodau Seisnig unwaith eto. Gwelwyd un canlyniad i'r protestio ym mhenderfyniad y Llywodraeth, maes o law, i drosglwyddo materion Cymreig o gyfrifoldeb y Swyddfa Gartref i reolaeth y Weinyddiaeth Dai a Llywodraeth Leol. Yn 1956 y digwyddodd hyn a'r prif wahaniaeth oedd y byddai swyddfa yng Nghaerdydd. Hefyd, penodwyd F. Blaise Gillie yn is-ysgrifennydd i'r Weinyddiaeth ac yn ei ddatganiadau ymddangosodd yn fwy ffafriol ei agwedd tuag at Gymru. Y Gweinidog Cartref a'i ragflaenodd oedd Major Gwilym Lloyd George, a ymddangosodd mor wahanol i'w chwaer Megan. Yr oedd hi wedi siarad o blaid mesur a gyflwynwyd yn Nhŷ'r Cyffredin gan S.O. Davies, aelod Llafur dros Ferthyr Tudful, yn gofyn am fesur o ddatganoli gwleidyddol yng Nghymru. Defnyddiodd y Major ei safle i wrthwynebu'r mesur, ac i gynyddu ymhellach atgasedd y cenedlaetholwyr tuag ato, deddfodd fod y Ddraig Goch i'w hongian islaw Jac yr Undeb os oedd y ddwy faner i'w hongian yn yr un lle.

Fel y daeth yn bur amlwg yn ddiweddarach, tacteg gyfrwys gan Gorfforaeth Lerpwl oedd enwi Dolanog i weld beth fyddai'r ymateb yng Nghymru. Er nad oedd cyhoeddiad swyddogol i'w wneud gan y Gorfforaeth tan fis Tachwedd 1956 daeth digon o dystiolaeth fod Cwm Tryweryn, a dwsin o safleoedd eraill, yn cael eu hystyried. Y mwyaf haerllug o'r rhain oedd un yn cynnwys boddi tir ar y Ddyfrdwy ger y Bala. Yn y cyswllt yma, gellir cofio i'r syniad o foddi tref y Bala gael ei godi yn flaenorol yn 1923.

O ddiddordeb hefyd yw cyfeiriad yn nyddiadur yr hen Morris Vaughan iddo gydymdeithio ac arwain Price y Rhiwlas a chynrychiolydd o Lundain i ystyried codi cronfa ddŵr i Lundain wedi ei sylfaenu ar ddŵr o Lyn Arenig Fawr. Mae'n amlwg na fu'r arolwg yn un ffafriol.

Er i arbenigwyr Lerpwl geisio bod yn ddirgel a distaw yn eu harbrofion ac osgoi pob cysylltiad â'r trigolion lleol, daeth yn eglur mai Cwm Tryweryn oedd eu targed yng Nghymru.

Yn wyneb y perygl amlwg yma, cytunodd cynghorwyr plwyfi Llanfor a Llanycil i alw Cyfarfod Gwrthwynebu agoriadol, a chynhaliwyd hwn yng Nghapel Celyn ar nos Wener, 23 Mawrth 1956. Yn bresennol, ar ôl dychwelyd o gyfarfod cynghorau gwledig yn yr Amwythig oedd y Parch Euros Bowen, rheithor Llangywer a bardd enwog, ac Aneurin Humphreys, ysgrifennydd Cyngor Gwledig Penllyn (a elwid yn Gyngor Dosbarth bryd hynny). Yn y cyfarfod, penodwyd y gweinidog lleol Y Parch H.M. Hughes yn llywydd y Pwyllgor Amddiffyn newydd gyda John Abel Jones yn drysorydd ac Elisabeth Watkin Jones, gynt o'r Llythyrdy, yn ysgrifenyddes. Cafwyd pump o drigolion yr ardal yn aelodau ar y pwyllgor hefyd.

Elisabeth.

Yr oedd pawb yn unfrydol o blaid gwrthwynebu i'r eithaf, ond, ar wahân i'r ddau gynghorwr, doedd neb yno â gwybodaeth a phrofiad o sut i ddelio â phroblem o'r fath. Ar wahân i golli tir a malurio cymuned byddid hefyd, yn ôl pob tebyg, yn colli'r rheilffordd. Sylweddolwyd yn y cyfarfod mai mater i'w benderfynu gan wleiddyddion fyddai tynged Cwm Tryweryn yn y pen draw a bod rhai gwleidyddion yng Nghymru eisoes wedi beirniadu Corfforaeth Lerpwl. Yr oedd yn eglur, fodd bynnag, mai dymuniad y pwyllgor oedd ceisio osgoi gwneud y frwydr amddiffynnol yn destun politicaidd. Gwnaed y datganiad y byddid yn croesawu cefnogaeth o unrhyw gyfeiriad ond yn teimlo mai'r person cyntaf i'w gynnwys yn eu rhaglen fyddai'r aelod seneddol sirol T.W. Jones. Un a bwysleisiodd ei farn na ddylid closio at unrhyw blaid wleidyddol oedd David Roberts yr is-lywydd. Disgwyliwyd yn eiddgar i weld beth fyddai ymateb yr aelod seneddol i'w picil.

Gyda ffurfio'r pwyllgor daeth pwysau gerwin ar ysgwyddau'r ysgrifenyddes. Prin y sylweddolodd yr helbul a'r gofid a ddeuai i'w rhan tra'i bod yn athrawes ysgol yn ystod y dydd, gofalu am ei thad a'r cartref a chadw mewn cysylltiad â ni'r teulu. Bu'n hynod driw hefyd i'w hewyrth Jac yn yr ysbyty ger Bryste yn sgrifennu llythyr ato bob wythnos efo'r *Cymro*. Bu ef druan yn yr ysbyty am dros ugain mlynedd. Beirniadwyd fi gan amryw a ddarllenodd *Cofio Tryweryn* na thelais ddigon o sylw i'w gweithgarwch hi yn ystod brwydr Tryweryn. O ymchwilio'n fwy gofalus yn ystod y flwyddyn ddiwethaf sylweddolais maint ei chyfraniad fel arweinydd pendant yr ymgyrch, heb na chyngor cyfreithiol nac arian mawr fel oedd ar gael i Lerpwl. Mewn lle mor dlawd â bro Tryweryn, rhyfeddol oedd i gan punt gael ei godi i gychwyn y frwydr.

Yn ystod 2005 ymddangosodd cyfrol gynhwysfawr a manwl gyda llu o atodiadau gan Rhys Evans dan y teitl *Gwynfor: Rhag Pob Brad*. Ynddi croniclwyd hanes bywyd a chloriannu cyfraniad y diweddar Gwynfor Evans i Gymru, ac yn arbennig i Blaid Cymru. Rhoddodd yr awdur bennod sylweddol i'r frwydr i arbed Capel Celyn dan y teitl 'Dŵr Oer Tryweryn'. Bu'n hynod feirniadol o aelodau'r pwyllgor lleol a sgrifennu: "Oni bai ei fod ef (sef Gwynfor) wedi arwain y frwydr, mae'n amheus a fyddai unrhyw un arall wedi codi bys mewn unrhyw ffordd ystyrlon. Gwelir hyn ar ei gliriaf gyda'r modd trychinebus y gweithredai

Pwyllgor Amddiffyn Capel Celyn".

Dyma feirniadaeth eithriadol lem. Ceir yr argraff i'r awdur gyrraedd y farn mai Gwynfor a greodd ac a gynhaliodd pob gwrthwynebiad yn yr ymgyrch. Er hyn, bu iddo gydnabod nad oedd llywydd y Blaid yn aelod llawn o'r Pwyllgor Amddiffyn. Y gwir yw nad oedd Gwynfor Evans yn aelod o gwbl o'r pwyllgor lleol ond yn un o ddeg a wahoddwyd i ddod yn Llywydd Anrhydeddus. Mynegiad amheus arall a wnaeth yr hanesydd oedd cyplysu enw Gwynfor yn dra mynych â gweithgarwch yr ysgrifenyddes. Er enghraifft, darllenwyd y frawddeg: "Pan sefydlwyd y pwyllgor gyntaf ar ddiwedd Mawrth 1956 Gwynfor ac Elisabeth Watkin Jones a benderfynai ar gyfeiriad a thactegau'r corff gan nad oedd neb o blith yr aelodau'n fodlon gweithio drosto".

Fy marn i yw bod yr aelodau lleol yma wedi bod yn fwy na pharod i gefnogi unrhyw orchwyl o fewn eu gallu, ond nid oeddynt yn wybodus ym myd gwleidyddiaeth a phrotestio cyhoeddus. Rhaid gofyn ar ba sail y cyrhaeddwyd at y condemniad yma. Un posibilrwydd yw i Rhys Evans ddibynnu'n drwm ar yr atgofion a gafwyd gan Gwynfor ei hun am ddyddiau ymgyrch Tryweryn. Bum i yn euog o hyn hefyd wrth gasglu gwybodaeth am hynt a helynt Cwm Tryweryn a dibynnu gormod ar fersiwn atgofion gwallus Gwynfor bryd hynny, yn yr wythdegau.

Ymysg yr ugeiniau o ddogfennau a welwyd wedi marwolaeth Elisabeth yn 1965 ni welwyd yr un llythyr ati oddi wrth llywydd y Blaid ac ni welwyd yn y Llyfrgell Genedlaethol ond dau lythyr a allai fod wedi eu cyfeirio ato ef. Yn y ddau lythyr (gyda'r cyfarchiad Annwyl Gyfaill), dim ond beirniadaeth hallt Elisabeth ar un ffermwr a ochrodd gyda Lerpwl a ddarllenwyd. Un ffaith yw i Elisabeth, fel cenedlaetholwraig ffyddlon heb ronyn o uchelgais personol, wneud ei gorau i fychanu ei hymdrechion ei hun a throsglwyddo unrhyw glod neu lwyddiant i arweinwyr Blaid Cymru. Diogel yw dweud hefyd nad er ei fwyn ei hunan y ceisiodd ac y derbyniodd Gwynfor unrhyw ganmoliaeth.

Llwyddiant i'r Blaid a dyfodol disglair i Gymru oedd ei holl fryd a'i fywyd. Weithiau bu braidd yn ddiofal ei eiriau fodd bynnag.

Yn ei gyfrol *Bywyd Cymro*, sef ei hunangofiant (tudalen 188), darllenir, yn gysylltiol â'i gyfeiriadau at y frwydr yn erbyn boddi Cwm Tryweryn a ddaeth a chyhoeddusrwydd mawr iddo, y frawddeg ganlynol:

"Ar unwaith sefydlodd y Blaid Bwyllgor Amddiffyn o bobl y cylch gyda Dafydd Roberts, Caefadog yn gadeirydd."

Fel y nodwyd uchod, y ddau Gyngor Plwyf a alwodd cyfarfod sefydlu'r Pwyllgor Amddiffyn, felly anghywir oedd mai'r Blaid a weithredodd. Hefyd, y Parch. H. M. Hughes (cyn gadael), a'r Cynghorydd Sir E.P. Roberts a fu'r llywyddion gyda Dafydd Roberts wedyn, y trydydd, ym misoedd olaf yr ymgyrch.

Er iddo fod â'i enw ar bapur swyddogol y Pwyllgor Amddiffyn tan wanwyn 1957, gwan iawn fu cyfraniad E.P. Roberts. Dyma pam y'i dilynwyd gan yr is-lywydd. Cyfarfu'r pwyllgor unwaith y mis pryd y derbyniwyd adroddiad llawn gan yr ysgrifenyddes am ei gweithgarwch a'i bwriadau. Ni wnaeth un o'r pwyllgor, hyd y gwyddys, ddim ond gwrando a chydweld.

Gwelwyd nifer o gymdeithasau a phleidiau yn hawlio iddynt wneud hyn a'r llall o ganlyniad i frwydr Tryweryn ac ni chafwyd cywirdeb bob amser.

Er enghraifft, gwrandewais ar hanesydd o fri yn rhoi darlith ar Dryweryn yng Nghaerdydd a gyfeiriodd trwy'r amser at 'Bwyllgor Gwynfor' pan oedd yn golygu'r Pwyllgor Amddiffyn.

Mae'n wir i Blaid Cymru mewn cyfarfod arbennig yn Nolgellau, yn ystod yr ymgyrch, benderfynu sefydlu is-bwyllgor a'i alw'n Is-bwyllgor Amddiffyn Tryweryn. Credir i'r cyfarfod arwain at drafodaeth hir ac anghydweld chwyrn a grwgnach ynglŷn â'r angen i weld gweithredu uniongyrchol yn hytrach na chyhoeddi bygythiadau cyson. Bu beirniadaeth hefyd am wendid yr arweinyddiaeth a ddangoswyd gan y llywydd a'i gefnogwyr.

Er gwres y dadlau ni chafwyd tystiolaeth i unrhyw beth o bwys ddeillio o'r pwyllgor. Hawdd oedd i unigolion fel Kate Roberts, y llenor, feirniadu. Doedd ganddi hi ddim llond tŷ o blant i fod yn gyfrifol amdanyn nhw fel oedd gan llywydd y Blaid.

Efallai i'r teitl a'r bygythiadau roi'r argraff i rai darllenwyr papurau'r dydd fod yr is-bwyllgor yn gysylltiol â Phwyllgor Amddiffyn Capel Celyn. Hefyd, hwyrach y gellir tybio i'r beirniadu hallt wthio swyddogion Plaid Cymru i ehangu ar yr honiad iddynt gyfrannu mwy nag a wnaethpwyd yn ystod yr ymgyrch. Yn wir, gellid dadlau iddynt wneud mwy o ddrwg na daioni.

Bu Gwynfor Evans yn Llywydd Plaid Cymru am dri deg chwech o flynyddoedd tymhestlog a bu'n ffodus i gael unigolion a aberthodd lawer mewn arian ac amser drwy weithredu'n wirfoddol a di-dâl neu fel aelodau o staff y Blaid yng Nghaerdydd. Gyda'r mwyaf ffyddlon o'r rhain oedd J.E. Jones o Felin-y-wig ger Corwen a fynychodd Ysgol Ramadeg Y Bala yr un cyfnod ag un, os nad dau, o'm brodyr. Bu Gwynfor Evans yn hael ei gymeradwyaeth i J.E. am ei ffyddlondeb a'i deyrngarwch yn ystod cyfnodau diobaith a thlawd y Blaid. Yr oedd y diolchgarwch yma yn nodweddiadol o hynawsedd a chwrteisi'r Llywydd.

Ymysg y beirniaid a'r gwrthwynebwyr i arweinyddion y Blaid, roedd nifer o unigolion cryf eu barn a gafodd eu disgrifio fel gweriniaethwyr. Bu'r rhwygiadau yn ddiflas ac aml. Dros y blynyddoedd credir i J.E. fod yn barod i gyfaddawdu ac hyd yn oed awgrymu y gellid weithiau fod yn barod i gydweithio â phleidiau gwleidyddol eraill er budd Cymru. Nid oes tystiolaeth i hyn ddigwydd i unrhyw raddau.

Fel Dewi Watkin Powell, y bargyfreithiwr bryd hynny (cyn ei ddyrchafu'n farnwr), gwelai J.E. y posibilrwydd o gael, dan y goron, gwledydd Prydain yn ennill eu senedd eu hunain yn y diwedd. Dyna gred Elisabeth hefyd. Yr oedd ganddi barch mawr tuag at J.E..

Yn anffodus dioddefodd J.E. waeledd garw yn ystod ei flynyddoedd olaf a gorfod iddo roi'r gorau i'w swydd fel ysgrifennydd. Trueni na chafodd fyw i weld geni'r Cynulliad.

Er na welais dystiolaeth ysgrifenedig o unrhyw gefnogaeth a dderbyniodd Elisabeth gan Gwynfor Evans, mae'n debyg iddi groesawu'n fawr ei ddiddordeb yn yr ymgyrch a'i awydd i fod yn gysylltiedig â phob gweithgarwch. Credai ef yn wirioneddol yn achos y gwrthwynebwyr, a deuai pob hysbysrwydd â lles i'w amrywiol weithgareddau ar ran cenedlaetholdeb Cymreig. Bu'r gwleidyddion eraill, y rhai y buasech wedi disgwyl iddynt roi cefnogaeth, yn hynod gloff. Yn ôl dymuniad y Pwyllgor Amddiffyn bu Elisabeth yn hollol gyfartal ar y dechrau yn ei chysylltiad â'r pleidiau eraill, ond gwan fu eu hymateb. Gellid awgrymu i hyn fod oherwydd yr atgasedd tuag at Blaid Cymru a'r ddrwgdybiaeth yn erbyn cenedlaetholdeb a oedd yn bur eang bryd hynny.

Mewn llythyr ataf yn 1988 pan oeddwn yn ymchwilio ar gyfer cyhoeddi *Cofio Tryweryn,* ysgrifennodd Gwynfor: "Ni buasai yn bwyllgor mor rhyfeddol o effeithiol heb arweiniad eich chwaer. Yr oedd ganddi'r diwylliant, y gallu ymenyddol, y ddawn a'r penderfyniad angenrheidiol i wneud arweinydd ac ysgrifennydd". Gyda'r fath ganmol, mewn sylwadau eraill hefyd, nid rhyfedd iddi wrthod unrhyw feirniadaeth am ei gyfraniad ef! Prin y sylweddolid hwyrach iddi weithredu ar ei liwt ei hun lawer iawn o'r amser ac adrodd yn ôl i'r Pwyllgor Amddiffyn ar ddiwedd y mis.

Er nad oedd ganddi ddiddordeb arbennig mewn gwleidyddiaeth, roedd yn gyfarwydd â gwroniaid Plaid Cymru o ganlyniad iddi, fel ei chwaer Nin a'i ffrindiau, fynychu o leiaf ddwy Ysgol Haf a redai'r Blaid yn ystod gwyliau ysgol. Perthynai hi i UCAC, sef Undeb Cenedlaethol Athrawon Cymru, ac edmygodd ddoniau anwyliaid fel D.J. Williams, Abergwaun. Cofir y bu cyfraniad ariannol D.J. i'r Blaid ar ôl gwerthu ei hen gartref yn dyngedfennol. Oherwydd nad oedd ganddi gyfarpar fel teipiadur a pheiriant copïo, gorfu i Elisabeth, ar y dechrau, ysgrifennu pob llythyr a dogfen yn ei llaw ei hun, ac o ganlyniad, ni chadwyd hanner o'r llythyrau cyfathrebu. Cefais afael ar deipiadur ail-law iddi ond heb hyfforddiant ac amser i gyflymu ei theipio a'r angen aml i gywiro, dim ond gyda'r llythyrau pwysig i Lerpwl a Llundain ac ati y defnyddiwyd y peiriant. Er hyn, y ffaith yw iddi, yn ystod gwanwyn a haf 1956, ysgrifennu ugeiniau lawer o lythyrau, cyhoeddiadau ac apeliadau.

Yn ei hunangofiant *Bywyd Cymro* eto cawn llywydd Plaid Cymru yn ysgrifennu: "Ar ôl cyfarfodydd agoriadol yn y Bala a Lerpwl trefnodd J.E. rai cyfarfodydd ar hyd a lled Cymru. Gweithiodd J.E. fel cawr yn anfon llythyrau yn enw'r Pwyllgor Amddiffyn at yr holl gynghorau lleol a'r capeli ac eglwysi, undebau a chymdeithasau."

Mae'n siom na ellir deall a derbyn y fersiwn yma o'r hyn a ddigwyddodd. Ysgrifenyddes y Pwyllgor Amddiffyn a gyfansoddodd a llofnodi'r dogfennau (sy'n dal ar gael i'w gweld), gyda'i thad yn trefnu'r cyfeirio a'r postio.

Un rheswm am amau cywirdeb llywydd y Blaid yw fod Plaid Cymru yn 1956 yn hynod dlawd ac yn agos i fod yn fethdalwr. Yr oedd dyled y gronfa gyffredinol yn £4,245 a'r papur Saesneg sef *Welsh Nation* yn colli tua phedair mil o bunnoedd y flwyddyn hefyd. Yr oedd y symiau hyn yn hynod fawr bryd hynny ac nid oedd digon o arian hyd yn oed i dalu'r staff ar un adeg. Un rheswm a gynigiwyd am y clodfori a dderbyniodd J. E. oedd am iddo fod mor ffyddlon i'r llywydd yn derbyn y cerydd a'r saethau a anelwyd at Gwynfor mewn gwirionedd.

Yn ystod y cyfnod o lythyru a cheisio adeiladu cyhoeddusrwydd a chydymdeimlad â phobl Tryweryn, cafwyd llawer o gymdeithasau, undebau ac ati yn addo cefnogaeth, ac addo cysylltu â Chorfforaeth Lerpwl.

Gwnaed rhestr faith i gynnwys holl gynghorau Cymru. Gwelwyd un rhestr (nad oedd yr olaf) yn dangos i naw o siroedd, pymtheg o fwrdeistrefi, dri deg wyth o gynghorau tref a'r un rhif o gynghorau gwledig ac ugain cyngor plwyf ateb yn ffafriol.

Ymddengys i'r cynghorau uchod ddatgan eu cefnogaeth, gydag ond dwy fwrdeistref, wyth cyngor tref a phum cyngor gwledig yn gwrthwynebu.

Ar restr ychwanegol gwelir enwau cymdeithasau, sefydliadau ac undebau o bob math a maint. Cysylltwyd hefyd ag ugeiniau o unigolion, gyda llawer o'r llythyrau yn atebion i gwestiynau a ofynnwyd.

Cefnogwyr eraill

Cymdeithas Diogelu Harddwch Cymru: Adran Sirol Meirion ac Arfon

Cymdeithas y Ceidwadwyr, Meirion

Cymdeithas y Rhyddfrydwyr, Conwy

Plaid Cymru: Pwyllgorau Rhanbarth, Meirion, Arfon, Môn, Ceredigion, Gorllewin Morgannwg

Llu o ganghennau Undeb yr Amaethwyr: hefyd canghennau sirol Meirion a Môn

Undeb Amaethwyr Cymru: hefyd canghennau Meirion, Arfon, Aberteifi

Cymdeithas Trethdalwyr Y Bala

N.U.R (Bala)

Undeb Cymru Fydd

Ffederasiwn Genedlaethol Clybiau Ffermwyr Ieuanc (Adran Gymreig)

Ffederasiwn Sirol Meirion, Arfon a Dinbych

Cyfarfod Cyhoeddus Blaenau Ffestiniog 27ain Medi 1956

Cymdeithas Cerdd Dant

Public Opinion Action Association, Birmingham 17 Medi 1956

Cymdeithas Pysgotwyr Llanrwst

Sefydliad y Merched Frongoch, Derwen

Undeb Cenedlaethol Athrawon Cymru a hefyd llu o ganghennau.

Cymdeithasau Cymraeg: Rhydychen a'r Cylch; Derby ac Alfreton a Chesterfield; Walsall a'r Cylch; Cymdeithas Capel Tabernacl Crewe; Canberra, Awstralia; Newcastle and District, NSW Awstralia.

Grŵp o 9 o NSW Awstralia; unigolion yn Awstralia, UDA, Lloegr a'r Almaen.

Pwyllgor Amddiffyn Tryweryn, Lerpwl

Cymdeithas Ddadlau Prifysgol Lerpwl

Urdd Siarad Cymraeg; Gilwern a'r Cylch

Gorsedd Beirdd Môn

Cymmrodorion Doc Penfro

Cyngor Urdd Gobaith Cymru

Undeb y Brythoniaid, Birmingham

Association of Engineering, Shipbuilding Draughtsmen (adran Port Talbot)

Cymdeithas Gymraeg Prifysgol Llundain

Adran o Brifysgol Leeds

Coleg Y Barri

Cymdeithasau Sirol Llundain; Meirion; Caerfyrddin

London Welsh Association

Undeb y Glowyr (Adran De Cymru)

Deiseb Parc 120 o enwau

Deiseb tref Y Bala 724 o enwau

Deisebau Cwm Tirmynach, Frongoch, Trawsfynydd, Arenig ac eraill – tua 800 o enwau.

Staff Myfyrwyr Coleg y Brifysgol Caerdydd

Un mesur a fabwysiadwyd yn enw'r Pwyllgor Amddiffyn oedd ceisio cael pobl enwog ac adnabyddus i'w cynnwys fel Llywyddion Anrhydeddus ar ben papur cysylltu'r Pwyllgor, a chodi ei statws.

Maes o law cafwyd caniatâd gan y canlynol i roddi eu henwau ar ben y dogfennau – Y Fonesig Haf Hughes, Syr Ifan ab Owen Edwards, Y Fonesig Megan Lloyd George, Dr Gwenan Jones, Y Parch William Morris (archdderwydd), T. I. Ellis, Y Parch J Dyfnallt Owen, yr henadur Gwynfor Evans, Yr Arglwydd Ogwr a T.W. Jones, Aelod Seneddol Sir Feirionnydd.

Er i'w henwau gael eu hamlygu, gwael fu eu cyfraniad ar y cyfan. Yr unig rai i ddangos consýrn oedd yr Arglwydd Ogwr, Gwynfor Evans a T.W. Jones. Y mae'n bosibl i rai o'r lleill wneud cyfraniad y tu ôl i'r llen ond y Fonesig Megan Lloyd George oedd yr unig un a ddangosodd ei hochr trwy ymddangos ar y teledu.

O'r dechrau bu brwdfrydedd Gwynfor Evans yn heintus. Gwelai'r posibilrwydd o allu concro, am y tro cyntaf, yr Awdurdod Seisnig enfawr a oedd yn bwriadu meddiannu darn o dir Cymru eto.

Cyfeirir at gyfraniad allweddol yr Arglwydd Ogwr yn nes ymlaen. Gyda'r aelod seneddol lleol T.W. Jones, a ddyrchafwyd yn arglwydd yn ddiweddarach, bu ei ymateb ef yn siom enfawr. Ei ateb digon plaen ef oedd y byddai'n cefnogi unrhyw gwrs o weithredu a benderfynid gan y Cyngor Sir. Cynrychioli'r Blaid Lafur a wnâi ef, ac ysgrifennodd Elisabeth at y blaid honno hefyd ond ni chafwyd ateb o'u swyddfa yng Nghymru am fisoedd wedyn. Negyddol fu eu hateb. Un rheswm a gynigiwyd oedd y byddai cynllun adeiladu mawr yn dwyn gwaith am rai blynyddoedd i'r ardal. Rheswm arall a awgrymwyd am hyn oedd yr elyniaeth rhwng Plaid Cymru a'r Blaid Lafur. Cyhuddid fod Plaid Cymru, trwy geisio ymddwyn fel cyfrannwr o bwys yn y gwrthwynebu, wedi ymyrryd â'r cysylltiad manteisiol y bydden nhw wedi ei wneud â Chorfforaeth Lerpwl a oedd o dan reolaeth Llafur.

Yn ystod y cyfnod yma cynhaliwyd nifer o gyfarfodydd a

drefnwyd gan Elisabeth yn enw'r Pwyllgor Amddiffyn. Un golled enbyd a welid yn sgil y boddi fyddai colli'r rheilffordd o'r Bala i Flaenau Ffestiniog. Bu'r Pwyllgor yn ffodus i gael James Roberts o'r Bala, cynrychiolydd y gweithwyr ar y lein, i roi hysbysrwydd i'r perygl. Er enghraifft, cafwyd ef a Moses Gruffydd i siarad gyda'r ysgrifenyddes ym Mlaenau Ffestiniog, prif ganolfan Llafur yn Sir Feirionnydd. Bu i Moses Gruffydd siarad hefyd mewn mannau eraill fel yng Nghorwen lle y gwrthododd y Cyngor Tref roddi eu cefnogaeth i bwyllgor Tryweryn. Roedd meddwl mawr o Moses Gruffydd yn Llythyrdy Capel Celyn am iddo alluogi un o'r bechgyn i ddilyn cwrs llwyddiannus ym myd amaethyddiaeth. Bu'n gefnogwr dibynadwy a doeth i'r gwrthwynebwyr.

Er na ellir ategu'r datganiad am eu cyfarfodydd ledled Cymru, ceisiodd Plaid Cymru drafod a chefnogi ymgyrch Tryweryn trwy ddefnyddio eu gwasg a chyfarfodydd pwyllgor. Fodd bynnag, prin y darllenwyd eu neges gan Saeson na'r werin Gymreig hyd yn oed. Papurau tabloid Llundain oedd eu pryniant nhw. Darllenwyd i Gwynfor Evans ymweld â'r Neuadd Ryng-genedlaethol yn Birmingham, a siarad yn wych, ond prin y gellid disgwyl llawer o gydymdeimlad yno pan oedd y ddinas yn ei gwneud hi mor dda o'i buddsoddiad mewn pum cronfa yng Nghwm Elan. Trefnwyd hefyd gan Blaid Cymru un cyfarfod yn Haskins Hay, Lerpwl ar Fedi 26 1956, lle y disgwylid i Gwynfor Evans, Cyril O Jones, cyfreithiwr adnabyddus o Wrecsam bryd hynny, a Mrs Williams-Evans, cadeirydd cangen Arfon o Gymdeithas Diogelu Harddwch Cymru siarad am yr angen i arbed Cwm Tryweryn. Darllenwyd mai tua hanner cant o gynulleidfa a gafwyd a dim ond Gwynfor Evans o'r siaradwyr a ymddangosodd a hynny wedi teithio'r holl ffordd o Langadog. Er ei waeledd cynyddol teithiodd J.E. Jones o Gaerdydd ar ran ei blaid i annerch Cymry Glannau Merswy hefyd.

Dros gyfnod maith ymfudodd miloedd ar filoedd o ogledd Cymru i Lerpwl a chadw eu Cymreictod a'u hiaith drwy fynychu eu cymdeithasau a'u deugain, neu debyg, o gapeli. Erbyn 1956 llugoer oedd eu teimladau ynglŷn â Thryweryn, efallai am i adran gysylltiadau cyhoeddus gyfoethog y Gorfforaeth eu darbwyllo fod angen pendant am fwy o ddŵr i'w cartrefi.

I olygydd papur bro Glannau Merswy doedd "dim gogoniant na dim bendith mewn brwydro i achub tir brwynog Tryweryn".

Ar y pryd roedd un Cymro ar Gyngor y ddinas sef yr henadur D.J. Lewis a berthynai i'r Blaid Dorïaidd. Chwarae teg iddo, ymunodd ef â phwyllgor a ffurfiwyd, maes o law, i drefnu gwrthwynebiad gan Anita Rowlands a Dewi Prys Thomas, ond oherwydd pwysedd ei gyd-aelodau a safbwynt ei etholwyr, atal ei bleidlais wnaeth ar fater Tryweryn yn y Cyngor.

Chwarae teg hefyd i'r pensaer Dewi Prys Thomas, a'i wreiddiau yn Llanuwchllyn, a geisiodd drefnu gorymdaith brotest o bum cant i gerdded ar hyd strydoedd y ddinas, ond methiant a wynebodd. Yr oedd sefyllfa Plaid Cymru yn Lerpwl bryd hynny yn farwol bron gydag anghydfod lle roedd cangen, os oedd cangen o gwbl yn y ddinas. Mynnai rhai myfyrwyr mai yn y Brifysgol yr oedd.

Yn ôl yng Nghymru, un cyfarfod a brofodd yn llwyddiant oedd rali a drefnodd Plaid Cymru ar lan Afon Tryweryn ger y Bala ym Medi 1956. Hawliwyd i gymaint â phedair mil ymgasglu y Dydd Sadwrn hwnnw. Cyhoeddwyd yr achlysur fel rali gyhoeddus, yn agored i unrhyw aelod o unrhyw blaid wleidyddol gymryd rhan ynddi. I godi hwyl cafwyd Band Arian y Bala a chyhoeddwyd y disgwylid nifer o siaradwyr adnabyddus i gymryd rhan. Y pleidiwr R.E. Jones o Lanberis fyddai'r arweinydd.

Darllenwyd neges oddi wrth de Valera o'r Iwerddon a Thomas Parry o Goleg Aberystwyth. Cafwyd anerchiadau gwych gan genedlaetholwyr a deimlai dristwch a dicter o feddwl am golli cymuned Gymraeg arall. I ddiweddu'r rali siaradodd Gwynfor Evans i gymeradwyaeth frwd.

Pan gynhaliwyd y rali roedd y perygl o golli Dolanog wedi cilio ond roedd y bygythiad i Dryweryn wedi dod yn amlwg, er nad oedd Lerpwl wedi cyhoeddi eu bwriadau'n swyddogol.

Pennod 3

Yn Nhachwedd 1956 cyhoeddwyd yn swyddogol gynlluniau Corfforaeth Lerpwl i feddiannu tir yng Nghwm Tryweryn ym Meirionnydd, i adeiladu cronfa ddŵr a defnyddio rhan isaf y Dryweryn a bron holl lwybr Afon Dyfrdwy i gludo'r dŵr i Huntingdon, ger Caer i'w ddosbarthu ar gyfer dinas Lerpwl a'i chwsmeriaid.

O'r tir uwch sef y tir pori, byddid yn cymryd 380 o'r 983 erw. Wedyn o'r 743 erw o dir llafur, byddid yn boddi tua 510 o erwau. Rhyw filltir i'r gorllewin o Fron-goch adeiladid argae llydan ac uchel gyda meini mawr, graean a thyweirch yn hytrach na cherrig a choncrid fel Efyrnwy. Byddai'r argae yma dros fil troedfedd o hyd a thua chant a hanner troedfedd o uchder. Pan fyddai'r argae'n barod byddai ochr o dir glas hyfryd ar glawdd naturiol yn rhedeg i lawr at y peiriandy a fyddai'n rheoli rhediad y dŵr wrth gynhyrchu peth trydan hefyd. Byddai tŵr rheoli hefyd yn y gronfa yn agos i'r argae. Rhoddwyd ffigur o 16,000,000,000 o alwyni fel maint dŵr y gronfa lle y gellid tynnu ohoni hyd at 65 miliwn galwyn y dydd (m.g.d.). Er na soniwyd gair am hyn, byddai'r cyflenwad yma ar ben y 55 m.g.d. a geid o Lyn Efyrnwy gan roddi felly dros gant ac ugain miliwn galwyn y dydd i'r Gorfforaeth iddynt gael digonedd i'w werthu a gwneud elw mawr. Gwyddai deallusion Cymru fod Penbedw eisoes yn cael eu hanghenion nhw o Lyn Alwen yn Sir Ddinbych, a'r cyfan dros amser heb gostio'r un geiniog iddynt.

Er nad oedd anghenion Lerpwl dros gyfnod o 30 mlynedd ddim ond wedi cynyddu o 26 i tua 28 miliwn y dydd, yr oedd galw cynyddol gan Awdurdodau Glannau Merswy a Sir Gaerhirfryn.

Tybid y gwerthid tua chwarter y dŵr a gyrhaeddai o Efyrnwy a thelid i Sir Drefaldwyn tua £35,000 fel rhent ar y pibellau ac ati. Nid oedd hyn o fantais i Sir Drefaldwyn gan y cwtogid grant y llywodraeth iddynt am yr union swm. Darllenwyd i Adran Dŵr y Gorfforaeth o ganlyniad i'r trefniadau effeithlon yma wneud elw o £1,078,743 y flwyddyn.

Cost y cynllun yn Nhryweryn fyddai £16 miliwn a byddai hyn £2 filiwn yn llai na'r gost a fyddid wedi ei gyfarfod yn Nolanog gyda llyn llawer llai. Byddai'r gost yn Huntingdon yn £5 miliwn, tra byddai cost unrhyw daliadau i'r trigolion ond pres poced.

Yn eu boddhad o ddeall fod Cynghorau Tref y Bala a Chorwen wedi gwrthod cais Pwyllgor Amddiffyn Capel Celyn iddynt wrthwynebu'r boddi, a thrwy hynny wanychu achos y trigolion, bu'r Gorfforaeth mor hael ag anfon i'r Bala Mr J.H.T. Stilgoe, prif beiriannydd dŵr Lerpwl ynghyd ag un neu ddau swyddog hŷn y Gorfforaeth i egluro'r cynlluniau a ddeuai â blynyddoedd o waith i'r ardal ac a fyddai'n denu ymwelwyr. Wedi'r cyfan, onid oedd yr arbenigwyr hyn, trwy ddefnyddio'r ddwy afon, wedi arbed adeiladu argae concrid enfawr a phibellau dŵr ar hyd y 54 milltir i Huntingdon, ger Caer?

Yn ffortunus i'r gwrthwynebwyr cytunodd Ifor Owen, Llanuwchllyn gynllunio map o'r hyn y bwriadai'r Gorfforaeth ei wneud. Bu hwn yn ddefnyddiol iawn i egluro maint y cynllun. Maes o law, fodd bynnag, newidiwyd rhai materion. Er enghraifft, gwelwyd diddymu'r cynllun i adeiladu twnnel ac ati i dynnu dŵr o Afon Conwy i'r gronfa. Hefyd, penderfynwyd ar gael y ffordd fawr newydd i redeg ar hyd ochr ogleddol y llyn. Gyda'u hadran gyhoeddusrwydd cyflwynwyd y newid yma fel esiampl o barodrwydd y Gorfforaeth i gyfaddawdu a gwrando.

Tŷ'r Arglwyddi yw gris cyntaf y daith pan gyflwynir Mesur Preifat yn San Steffan. Dyma gwrs mesurau nad sydd o bwysigrwydd cenedlaethol, rhai fel y mesur i ganiatáu datblygu Bae Caerdydd.

Heb rywun yn Nhŷ'r Arglwyddi, ac yn arbennig heb aelod o'r Tŷ gyda dylanwad, gwan ydy'r gobaith i gyflwynwyr cynlluniau gael sylw teilwng a chael eu mesur i fynd ymlaen i Dŷ'r Cyffredin. Os cywir hyn, tybir ei bod yr un mor anodd cael gwrthwynebu teg mewn materion dadleuol. Yn anffodus, yn ei hawr o angen, ni pherthynai i Gwm Tryweryn un copa walltog o arglwydd, ac heb arglwydd, heb obaith! Prin y byddai unrhyw arglwydd yn darllen *Y Cymro* na'r *Faner* a go brin y byddai aelodau dysgedig a diwylliedig Tŷ'r Arglwyddi yn gwybod am, a gwerthfawrogi, ffordd o fyw trigolion Tryweryn. Prin hefyd fyddai eu diddordeb bryd hynny. Yn ffodus, cafwyd nifer sylweddol o wleidyddion disglair o Gymru ers hynny a gynyddodd statws y genedl. Cofir yn ddiweddar am rai a ddaeth yn brif aelodau'r Tŷ, pobl fel Gareth Williams o Fostyn a'r Arglwydd Richards a roddodd cymaint o hwb i fodolaeth a dyfodol y Cynlluniad yng Nghaerdydd.

Yng Nghymru wyddai fawr neb beth oedd llwybr mesurau o'r fath. Er syndod pellach cyfaddefodd Llefarydd Tŷ'r Cyffredin hyd yn oed nad oedd yn sicr o'i wybodaeth ar y mater, pan orfu iddo ateb a oedd y dull a fabwysiadwyd yn un addas. Un agwedd o'r llwybr yma gyda Mesur Preifat oedd y rheol na wynebai mesur o'r fath rwystradau caeth, ac y gellid dirprwyo'r prif ymchwiliadau i bwyllgor dewisedig (sef y 'Select Committee'). Gyda Mesur Preifat Lerpwl hefyd, byddai'r rheolau yn caniatáu i Gorfforaeth Lerpwl osgoi ystyriaeth ynglŷn â theilyngdod y Mesur gan Gyngor Cymru a Mynwy, sef y 'Welsh Grand' er cyn lleied oedd gallu'r cyngor hwnnw.

Tua diwedd 1956, ac ni wyddys sut y digwyddodd, cysylltodd Elisabeth â'r Arglwydd Ogwr. Dyma un o'r digwyddiadau mwyaf gobeithiol ac allweddol iddi hi. Y canlyniad oedd iddo benderfynu rhoi ei holl ddawn a'i ddylanwad yn Nhŷ'r Arglwyddi i'w chynorthwyo hi a'i Phwyllgor Amddiffyn. Dyma un a oedd yn Gymro di-Gymraeg ond yn genedlaetholwr heb ei well.

Cyrnol David Rees-Rees Williams oedd Arglwydd Ogwr, o

ardal Pen-y-bont ar Ogwr ac a ddaeth, ar ddiwedd yr Ail Ryfel Byd fel uwch swyddog, yn aelod seneddol dros ei etholaeth leol. Bu'n aelod o'r Blaid Lafur o 1945 hyd 1950. O etifeddu arglwyddiaeth Ogwr oherwydd safle hanesyddol y teulu ym Mhen-y-bont, symudodd ei aelodaeth i Dŷ'r Arglwyddi. O'r dechrau, bu ei ddyrchafiadau yn San Steffan yn anarferol o gyflym o ganlyniad i ddisgleirdeb ei ddawn.

O chwilio am ei hanes ar y we, gwelir fod miloedd lawer o gyfeiriadau ato. Er enghraifft, bu yn Weinidog ar y Llu Awyr, Trafnidiaeth, Y Morlys yn ogystal â bod yn 'Privy Counsellor'. Yr oedd yn ddyn o ddylanwad ac o graffu ar adroddiadau'r llywodraeth am sesiynau 1956–1957 gellir gweld rhestr faith yn dangos ei ddiddordebau eang. Diddorol yw gweld ei gonsýrn am frodorion llai breintiedig diffeithwch y Kalahari yn Affrica a gofynion gwleidyddol pobl Sarawak yn y Dwyrain Pell. Cymerodd ddiddordeb hefyd mewn materion llai pwysig yng Nghymru fel lleoliad y mast teledu ym Morgannwg. Yr oedd yn ddyn â daliadau rhyddfrydig ac efallai oherwydd ymddygiad y Blaid Lafur, ymunodd â'r Blaid Ryddfrydol a dod yn llywydd o fewn tair blynedd.

O ganlyniad i'w gysylltiad ag Elisabeth a'i gydymdeimlad ag achos "Trigolion Tryweryn" daeth yn wybodus iawn. Gyda'r ffeithiau ar flaen ei fysedd beirniadodd yn hallt gynlluniau Lerpwl ar y cyfle cyntaf yn Nhŷ'r Arglwyddi.

Meddai: "Cynllun haerllug yw hwn er lles Lloegr. Bu ymddygiad y Saeson tuag at Gymru yn y gorffennol yn un cywilyddus".

Dyma ymosodiad mewn iaith dipyn yn fwy didderbyn-wyneb na'r cwestiynau a sylwadau tyner a boneddigaidd a glywid fel rheol yn y Tŷ.

Clywyd Arglwydd Ogwr ymhellach yn pwyso ar Iarll Munster, a oedd yn llywyddu'r Tŷ ar y pryd, a gofyn a oedd y llywydd yn ymwybodol fod y Mesur Seneddol a gyflwynid gan Gorfforaeth

Lerpwl wedi codi gwrthwynebiad cryf yng Nghymru gan y teimlid fod "y fath dreisgyrch (ac ymosodiad a dim arall ydoedd) o feddiannu eu tir yn hollol heb gyfiawnhad y dyddiau hyn?"

Darllenwyd gyda diddordeb nifer o'r llythyrau a anfonodd at Elisabeth, nid drwy ysgrifennydd, ond yn ei lawysgrif ei hun. Nodwyd i'r llythyrau gael eu dyddio 27 Tachwedd 1956, 29 Tachwedd 1956, 14 Rhagfyr 1956, 20 Rhagfyr 1956; 2 a 8 Ionawr 1957, 1, 6 a 22 Chwefror 1957 a 2 Mawrth 1957. Dengys y naw llythyr dros gyfnod o wythnosau tyngedfennol faint ei ymrwymiad i achos Tryweryn. Yn anffodus, am i Elisabeth hefyd sgrifennu yn ei llawysgrif ei hun wrth ateb, welais i ond dau gopi bras o'r llythyrau a anfonwyd ato.

Un o'r cymwynasau o bwys a wnaeth Arglwydd Ogwr oedd anfon iddi restr o 63 o Arglwyddi yr oedd ef wedi cysylltu â nhw y byddai'n fanteisiol iddi anfon atynt. Ymysg y rhain yr

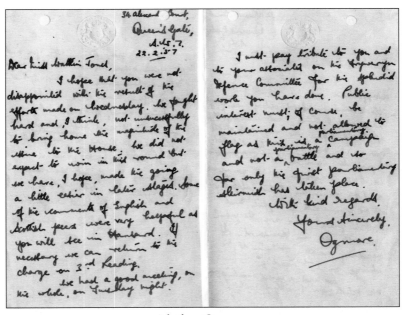

Llythyr Ogmore.

oedd dros ddwsin a'u gwreiddiau yng Nghymru. Ymysg ail restr a anfonodd oedd yr Arglwydd Reith (pennaeth enwog y BBC bryd hynny), Arglwydd Alexander (y Cadfridog enwog) a'r Iarll Lucan (a ddiflannodd yn rhyfeddol o ddirgel ar ôl cael ei gyhuddo o lofruddiaeth).

Dau arglwydd a atebodd ar unwaith oedd Arglwydd Macdonald o Waenysgor, Sir y Fflint a'i gyfaill Iarll Albermarle. Cafwyd hefyd lythyrau byr yn datgan ymddiheuriadau. Deallai Arglwydd Macdonald agwedd y gwrthwynebwyr tra oedd cysylltiad â theulu'r Carrington o Wydir, Llanrwst gydag Albermarle. Pwysleisiodd Arglwydd MacDonald mai pobl ddiffuant a pharchus oedd pobl Tryweryn. Arglwydd Woolton, a oedd wedi dal safle bwysig yn y llywodraeth yn ystod yr Ail Ryfel Byd, a arweiniodd gynlluniau Lerpwl, a mawr oedd ei ddylanwad. Trwy ddylanwad Arglwydd Ogwr daeth y gair Tryweryn i olygu rhywbeth hyd yn oed yn Nhŷ'r Arglwyddi.

Yn ystod y cyfnod yma, ar ddechrau 1957, cryfhawyd y Pwyllgor Amddiffyn drwy gael dau berson gyda barn a gweledigaeth. Ifor Owen, prifathro Ysgol Llanuwchllyn oedd un a Gerallt Jones, gweinidog yr ardal honno, oedd y llall. Yr oedd Ifor Owen yn amlochrog ac wedi cyfrannu'n eithriadol o hael tuag at weithgareddau'r Urdd. Gwelwyd cyfraniadau o bwys hefyd gan Gerallt Jones a gynyddodd y diddordeb yng Nghymru yn yr ymgyrch i wrthwynebu.

Yn ystod y cyfnod yma hefyd ymddangosodd nifer o erthyglau yn cyfeirio at, ac yn beirniadu cyfraniad y Cymry ar adeg mor ddifrifol. Yn ei golofn yn *Y Faner* gwelwyd Saunders Lewis yn parhau ei ymosodiadau ar lywydd Plaid Cymru. Cwynodd fod Gwynfor yn "fenywaidd a gorbarchus gyda'i gyfarfodydd protest aneffeithiol". Cwynodd eraill, ar y llaw arall, fod Saunders Lewis yn dal i ymffrostio a beirniadu eraill ar sail ei aberth ef ym Mhenyberth yn y tridegau. Brwydr agored drwy weithredoedd uniongyrchol a thorcyfraith oedd ateb Saunders Lewis ond, yn wahanol i'r Gwyddelod yn Iwerddon, ni ymddangosodd gwirfoddolwyr ar y pryd yng Nghymru i wireddu ei obeithion.

Trwy gydol yr amser tueddodd y wasg Seisnig wawdio'r cenedlaetholwyr a'u galw yn 'fanatics' a oedd yn lladd unrhyw ewyllys da tuag at ddatganoli pwerau gwleidyddol i'r genedl. Bu'r gair 'nationalists' yn hynod boblogaidd fel gair yn cyfleu dirmyg a safbwynt gresynus, a gysylltid yn nodweddiadol â'r cenedlaetholwyr.

Dyma un o brif eiriau Neil a Glenys Kinnock a frwydrodd mor llwyddiannus i drechu gobeithion y cenedlaetholwyr o gael mesur datganoli yn 1979. Gwelwyd amcangyfrif yn 2007 fod tua 80% o ddarllenwyr papurau dyddiol yng Nghymru yn derbyn papurau gyda'u pencadlys yn Llundain a bod hyn yn dylanwadu'n drwm ar eu barn a'u gogwydd gwleidyddol. Bwystfil perygl i'r golygyddion Seisnig oedd y 'Welsh Nationalist'.

Ar ôl yr Ail Ryfel Byd, gyda Phrydain fawr cyn dloted â llygoden eglwys ac mewn dyled ddychrynllyd i'r Unol Daleithiau, llaciwyd ei goruchafiaeth ar rannau helaeth o'i hymerodraeth gydag India, er enghraifft, yn llwyddo i ennill annibyniaeth. Yr oedd newid mawr ar droed.

Yn ystod y cyfnod yma roedd y Rhyddfrydwyr yn gryf yng Nghymru a deallwyd fod aelodau seneddol fel Clement Davies a Rhys Hopkin Morris ynghyd â nifer cynyddol o aelodau yn y Blaid Lafur o blaid penodi Ysgrifennydd Gwladol i Gymru. Efallai fel ymateb i hyn creodd y Torïaid, o dan Churchill yn 1951, rhyw fath o swydd newydd sef Gweinidog dros Faterion Cymreig fel rhan o gyfrifoldeb Ysgrifennydd Gwladol Prydain.

Ym myd diwylliant roedd Cymru yn effro. Yn 1946 sefydlwyd Cwmni Opera Cenedlaethol Cymru yn ogystal â Cherddorfa Ieuenctid. Yn y gogledd cynhaliwyd Eisteddfod Ryngwladol gyntaf Llangollen ac yn y de yn Sain Ffagan agorwyd Amgueddfa Werin dan gyfarwyddyd Iorwerth Peate.

Anghywir fyddai meddwl fod brwydr boddi Cwm Tryweryn wedi blaenori cwynion gwleidyddol y genedl ym mhumdegau'r ganrif. Er i'r etholiadau cyffredinol ddangos i'r Blaid Lafur ennill hyd at 58% o bleidleisiau'r Cymry a'i sefyllfa yn edrych yn ddiogel, roedd tipyn o anesmwythder o dan yr wyneb. Er enghraifft, cyflwynodd S.O. Davies, Aelod Llafur Merthyr Tudful, fesur a olygai rhywfaint o ddatganoli yn 1955 yn deillio o ymgyrch boblogaidd yn galw am Senedd i Gymru.

Dilynwyd yr ymgyrch aflwyddiannus hon gan ddeiseb o blaid Senedd i Gymru gan Goronwy Roberts, Aelod Llafur Caernarfon gyda 240,000 o lofnodion. Er y gobeithion a greodd y digwyddiad yma ni welwyd canlyniadau, ond efallai i aelodau'r Cabinet sylweddoli fod anniddigrwydd yn datblygu.

Pennod 4

CYFLWYNODD CORFFORAETH LERPWL Y Mesur Preifat i Dŷ'r Arglwyddi rhyw ddeuddydd cyn i'r Senedd dorri dros y Nadolig. O wneud hyn tybid y cymerai materion eraill ddiddordeb y cyhoedd ac y byddai'r diddordeb yn eu cynlluniau wedi gwanychu. Yn y cyfamser roedd Elisabeth yn hynod brysur yn turio i bob cyfeiriad er mwyn ennill cyhoeddusrwydd a chydymdeimlad, a bu'n rhyfeddol o lwyddiannus.

Y gris cyntaf yn nhaith Mesur Lerpwl oedd iddo gael ei ymchwilio a'i feirniadu gan Bwyllgor Dethol Tŷ'r Arglwyddi. Ni wyddys sut na pham y dewiswyd aelodau'r pwyllgor pwysig yma. Yr Ardalydd (Marquess) Reading, Ashton, Milverton, Baden-Powell a Greenhill a gafodd y cyfrifoldeb. Efallai mai ar sail rhyw restr neu drefniant defodol y gwnaethpwyd y dewis. Eu dyletswydd fyddai archwilio gwerth a dilysrwydd cynlluniau'r Gorfforaeth a phenderfynu a ddylai Tŷ'r Arglwyddi dderbyn a thrafod y Mesur neu ei wrthod. Pe gytunid o blaid ei ystyried, cyflwynid y Mesur wedyn i Dŷ'r Cyffredin ar gyfer tri darlleniad.

Mae'n sicr fod y doethion hyn ar y Pwyllgor yn bobl deg eu barn a dilychwyn eu cymeriad, ond pa wybodaeth a diddordeb oedd ganddynt am gefn gwlad Cymru a'i diwylliant? Go brin y gwyddent y gwahaniaeth rhwng cerdd dafod a chroen dafad! Yn wir, clywyd Arglwydd Merthyr, hyd yn oed, a oedd mor wrthwynebus i fodolaeth ac amcanion y 'Welsh Nationalists', yn condemnio'r trefniant o gael Pwyllgor Dethol o'r fath i ystyried testun mor bwysig.

Yr oedd y cyfnod agoriadol yma yn un pwysig oddi allan i Dŷ'r Arglwyddi hefyd. Er enghraifft, daethpwyd i wybod mai dim ond dau o'r dau ar hugain o'r deisebwyr a restrwyd yn wreiddiol oedd yn barod i barhau i wrthwynebu'n ffurfiol a chyflogi cyfreithwyr costus. Ymddengys y bu nifer o'r gwrthwynebwyr gwreiddiol yn poeni a gweithredu ar sail eu diddordeb llesol eu hunain. Er enghraifft, gwelwyd y cwmnïau dŵr a reolai afonydd Dyfrdwy a Chlwyd, estroniaid eto, yn gweithredu fel hyn. Fel y nodwyd eisoes ni fu i Gynghorau Tref y Bala a Chorwen godi bys i gefnogi achos Capel Celyn. Câi'r Bala eu dŵr o Lyn Arenig Fawr heb gysylltiad â'r Dryweryn ac i gynghorwyr gyda chefndir Seisnig fel W.T. Bason ddadlau y deuai adeiladu â saith mlynedd o waith i'r ardal a dod ag arian i mewn i'r dref. Doedd ef a'i fath yn malio dim am y niwed a wneid i'r gymdeithas. Fel nifer o aelodau Corfforaeth Lerpwl credai y byddai'n llawer gwell a boddhaol i "bobol Celyn" adael y lle a dod i fyw i dai cyngor yn y Bala. Clywyd sawl gwaith hefyd y cyhuddiad mai cynllwyn gan Blaid Cymru oedd yr holl gwyno a gwrthwynebu er mwyn cryfhau eu gobeithion i ennill sedd etholaeth wleidyddol Meirionnydd yn y dyfodol. Dadlennid hefyd y byddai Tom Jones, Llanuwchllyn yn rhoi prisiau ar y tir a'r tai fel na fyddai'r trigolion ar eu colled. Gwendid y ddadl hon oedd y ffaith mai ystad y Rhiwlas a tua thair fferm yn unig a welai arian da. Disgwylid i'r arwerthwr, er yn cael ei gyflogi gan y Gorfforaeth, weithredu'n deg ond dan gyfarwyddyd Lerpwl. Ar gyfer iawndal, prisiad y tir a'r tai a foddid fyddai'r sail. Wrth gwrs, trwy foddi'r tir isel gadewid y ffermydd â thir uchel yn unig na fyddai'n hanner digon i gynnal bywoliaeth. Hawdd oedd addo tai newydd i'r tenantiaid i lawr yn Frongoch, ond beth am waith iddynt?

Nodweddiadol o agwedd swyddogion y Gorfforaeth oedd eu parodrwydd i adael i'r ffermwyr a gollai dir gael hyd at bum mlynedd i chwilio am ffermydd eraill i'w prynu.

Hefyd ni chyfeiriwyd yn gadarnhaol at yr hyn a ddigwyddai i'r rheilffordd pe codid rhan hir o'r cledrau. Er yr addewid hael y cyfrennid at adeiladu rheilffordd newydd, gwyddai'r arbenigwyr o Lerpwl yn iawn fod y llywodraeth yn bwriadu cau rhan helaeth o wasanaethau trên gogledd Cymru. Heb y trenau byddai chwarel ithfaen Arenig a thrigolion y pentref yn gorfod dioddef cael eu neilltuo'n llwyr.

Y bargyfreithiwr Dewi Watkin Powell (a barnwr yn ddiweddarach) oedd yn cynrychioli plwyfolion Llanfor a Llanycil ac fe wnaeth ei orau glas, heb amheuaeth, ond roedd Lerpwl yn sicr o gryfder a chefnogaeth yr awdurdodau. Ni chafodd ei gyfraniad fawr o sylw yn y wasg ond ef, gyda'r Arglwydd Ogwr a'r ysgrifenyddes, oedd gwir filwyr y frwydr bryd hyn.

Yng Nghapel Celyn ei hun byddai 48 allan o'r 67 o drigolion yn colli eu cartrefi, a hyn yn ogystal â bod pum tŷ yn wag.

Yn ystod y frwydr bu i Gynghorau Sir Arfon, Meirionnydd a Dinbych gyfarfod ym Mae Colwyn a chreu disgwyliadau da, ond er yr holl drafod, cilio heb gynnig unrhyw dystiolaeth i Bwyllgor Dethol Tŷ'r Arglwyddi fu'r hanes. Dadleuodd swyddogion Lerpwl fod ceisio arbed cartref a bywoliaeth rhyw ychydig ddwsinau o drigolion Tryweryn yn ddibwys o'i gymharu ag angen miliwn a mwy ar Lannau Merswy.

Gwnaeth y dadlau yma a'r colli cefnogwyr waith tri bargyfreithiwr y gwrthwynebwyr yn hynod o anodd. I aelodau'r Pwyllgor Dethol, sef pobl a lifodd i'w safle breiniol heb unrhyw etholaeth ond trwy gysylltiadau teuluol, doedd ffactorau fel colli cymunedau yn golygu fawr ddim. Aethpwyd drwy'r drefn o wrando ar dystiolaeth a dadleuon. Ar ddiwedd y naw diwrnod o bwyso a mesur, yn ôl disgrifiad y colofnwyr cyhoeddwyd y frawddeg: "The Committee is of the opinion that the Bill should be allowed to proceed".

Byddai'n amlwg y gorfodid cefnogwyr Tryweryn i gynnig rhyw elfen o gymod ond prin oedd y posibiliadau. Dadleuodd Dewi Watkin Powell ac awdurdodau yn y maes yng Nghymru, y gellid cael nifer o gronfeydd bach mewn lleoedd ar gwrs afonydd fel y Ddyfrdwy, a fyddai'n boddhau anghenion y Gorfforaeth.

Anwybyddodd Lerpwl y syniad yn llwyr.

Daeth y penderfyniad bod rhaid cyfaddawdu yn rhan o bolisi nifer sylweddol o aelodau'r Blaid Lafur yn San Steffan. Ymysg y rhain oedd Walter Padley, arweinydd y Grŵp Cymreig ac aelodau eraill. Darllenwyd i'r henadur Cain o Bwyllgor Dŵr y Gorfforaeth a'i arbenigwyr gyfarfod ag aelodau o Gymru mewn ystafell yn Nhŷ'r Cyffredin. Yn y *Daily Post* eto darllenwyd fod aelodau seneddol gogledd Cymru yn awyddus i gael trafod "mewn ysbryd da" ynglŷn â gofynion Lerpwl o safbwynt y Cymry. Goronwy Roberts, Aelod Seneddol Sir Gaernarfon a wnaeth yr awgrym yma yn ôl y gohebydd. Gan eu bod mewn safle mor gryf, a'r aelodau seneddol Cymreig wedi encilio i osgo amddiffynnol, doedd gan y Gorfforaeth ddim diddordeb o gwbl yn y syniad.

Un aelod seneddol na soniwyd amdano uchod oedd Raymond Gower, Aelod Tori y Barri a Phenarth. Gan ei fod yn Dori, blinodd ei ymyrraeth a'i gydweithredu â'r Arglwydd Ogwr ar nifer o'r Blaid Lafur. Bu ef yn gefnogwr ffyddlon i achos Cwm Tryweryn drwy'r frwydr.

Anodd yw beirniadu beth oedd cyfraniad T.W. Jones, Aelod Seneddol Meirionnydd. Difater ac annibynadwy oedd ar ddechrau'r ymgyrch fel petai'n ofni ffraeo ag aelodau Llafur Glannau Merswy. Hefyd, beirniadodd rhai Cymry ef am y teimlent ei fod yn ymddwyn gyda golwg ar gadw ei sedd yn Nhŷ'r Cyffredin a'i elyniaeth tuag at Blaid Cymru. Eto rhaid ei ganmol am ei eiriau a'i agwedd wedi i Fesur Lerpwl gyrraedd Tŷ'r Cyffredin. Mewn un llythyr a sgrifennodd at Elisabeth, hawliodd iddo ymgynghori â nifer o'i gyd-aelodau, ac wedi perswadio a chael rhestr o 45 a oedd yn gefnogol ac yn barod i siarad yn erbyn y Gorfforaeth. Yn y ddadl hollbwysig yn Ail Ddarlleniad y Mesur cyflwynodd araith wych yn erbyn y boddi. Siaradodd Mr Gower yn dda hefyd a chafwyd cyfraniadau gan amryw o aelodau Cymreig fel y Parch Llywelyn Williams, Abertyleri a Tudor Watkins. Yn ystod y ddadl, daeth yn amlwg fod mwy a mwy o aelodau yn dod drosodd i ochr y gwrthwynebwyr. Er hynny, roedd yn amlwg fod canfasio mawr wedi digwydd gan aelodau Caerhirfryn a gynhwysai ddwsin a mwy o aelodau hynod flaenllaw, pobl fel Harold Wilson a ddaeth yn Brif Weinidog maes o law. Bryd hynny roedd nifer helaeth o wleidyddion dylanwadol yn cynrychioli awdurdodau a fyddai'n manteisio ar lwyddiant Mesur Lerpwl.

Gwnaed defnydd helaeth o'r cyfryngau gan y ddwy ochr, yn enwedig ochr y gwrthwynebwyr. Yr oedd y BBC, gyda Nans Davies yng Nghaerdydd, bob amser yn awyddus i roi cyhoeddusrwydd a chafwyd nifer o gyfweliadau ar y radio a'r teledu gyda rhaglenni fel *The Dragon's Teeth*. Er enghraifft, ymddangosodd y Fonesig Megan Lloyd George ac Elisabeth er mwyn dadlau yn erbyn Syr George Summers, pennaeth y gwaith dur yn Shotton, Sir y Fflint ac A.E. Fordham ar ochr Lerpwl.

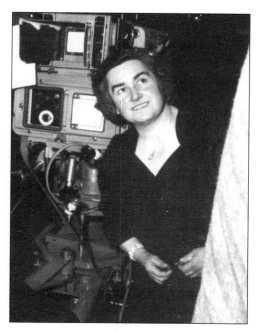

Elisabeth yn llawn gobaith mewn stiwdio deledu ym Manceinion.

Roedd Summers yn awyddus i gefnogi Lerpwl am y gwelai ragolygon gwell am ddŵr o'r Gorfforaeth. Nid oedd gwasanaeth teledu penodol, arbennig, i ogledd Cymru ar y pryd a chwmni Granada ym Manceinion oedd â'r drwydded. Bu Elisabeth yn ffodus i gael cysylltiad cyfeillgar â'r swyddogion a chludwyd llond bws o drigolion Cwm Tryweryn i'w stiwdio a'u cael i wynebu'r henadur Cain, cadeirydd Bwrdd Dŵr y Gorfforaeth a Kenneth Thompson, Aelod Seneddol Walton.

Trwy gefnogaeth gŵr o'r enw H.K. Lawenhak, a ddaeth yn gyfeillgar ag Elisabeth a datblygu cydymdeimlad â thrigolion Capel Celyn, lledaenwyd hanes ymryson Tryweryn ar hyd a lled Unol Daleithiau America. Ymhellach, ym maes newyddiadurol byd-eang, cafwyd cefnogaeth un Leslie Perrin o gwmni 'Record Exploitation and Press Relations', a thrwy ei waith ef, eto heb gost, cafwyd cyhoeddusrwydd mawr yn erbyn y Goliath mawr sef dinas Lerpwl. Aeth y stori mor bell ag Awstralia, a chafwyd nifer o lythyrau at y Pwyllgor Amddiffyn oddi yno. Pwysleisiwyd yr agwedd yma mewn rhaglenni teledu fel *This Week*.

O ganlyniad i'r cyhoeddusrwydd a gafod brwydr Cwm Tryweryn, cyrhaeddodd ugeiniau o lythyrau ysgrifenyddes y Pwyllgor Amddiffyn a dwsinau lawer ohonynt o Loegr. Gyda'r mwyaf amlwg ohonynt oedd llythyr oddi wrth y Parchedig James Noble PhD, LlD o Sir y Fflint a fu'n aelod o bwyllgorau Corfforaeth Lerpwl. Ymddengys iddo bledio'n daer ar ei gydnabod yn Lerpwl i ddileu eu cynlluniau i foddi tir a lladd cymuned.

Yr anhawster gyda mwyafrif y llythyrau oedd eu dymuniad i gael ateb oddi wrth yr ysgrifenyddes ynglŷn â'r cam priodol i'w gymryd a beth a allen nhw ei wneud i gefnogi. Yr oedd llif y llythyrau yn ormod i roi sylw teilwng iddynt.

Mwy dylanwadol o lawer oedd y "papurau" a ysgrifennwyd gan unigolion a oedd yn arbenigwyr academaidd. Er enghraifft, cafwyd adroddiad gwyddonol gan Moses Gruffydd a Dr R.I. Davies o Goleg y Brifysgol Bangor yn datgan fod dyfnder da o bridd yng Nghwm Tryweryn pe datblygid y tir yn iawn drwy ffosio. Cadarnhawyd y datganiad hwn yn ystod adeiladu'r argae. Cafodd Tarmac, y cwmni, bob dim yn lleol gyda digonedd o gerrig, swnd a phridd.

O'r unigolion a feirniadodd agwedd a chynlluniau Lerpwl rhaid cyfeirio at Arwyn Charles a gyflwynodd i'r Awdurdod ddau bapur o blaid y Pwyllgor Amddiffyn. Gwnaed gwaith ymchwil hefyd gan ddau feddyg ifanc sef Dr Dafydd Jones a Dr Gareth Rees. Cyflogwyd peiriannydd dŵr o'r enw J.F. Pownall gan y Pwyllgor Amddiffyn, a chyflwynodd ef gynllun cynhwysfawr a welai ddatblygu'r camlasau yn Lloegr a Chymru a olygai na fyddai problem gyda chyflenwad dŵr yn unlle.

Ni ellir dweud i'r bobl yma wanhau bwriadau Corfforaeth Lerpwl, ond bu iddynt ddylanwadu ar farn y cyhoedd.

Elfennau eraill a ddylanwadodd ar farn cyfeillion a gelynion Tryweryn oedd y cylchgronau a'r papurau newydd. Cadwyd achos trigolion Tryweryn o flaen y cyhoedd gan ryw bump ar hugain o golofnwyr y wasg. Yn y gogledd cafwyd Gwilym Roberts yn aml yn y *Daily Post* a Glyn Griffiths yn y *Wrexham Leader*. Yn y de cafwyd erthyglau gan Goronwy Powell yn y *Western Mail* a Brinley Evans yn y *Gazette*. Cafwyd y wasg yn Lloegr yn barod i adrodd, a chyn hir, i gefnogi gwrthwynebwyr Lerpwl. Roedd hyn yn wir o'r *Times* hyd at y *Daily Mirror*, gyda phapurau fel y *News Chronicle* a oedd yn boblogaidd bryd hynny yn dangos cyfraniadau pleidiol gan George Tansey. Cyhoeddiad arall a ddiflannodd, ond a oedd yn hynod boblogaidd, oedd *Picture Post*. O ganlyniad i'r adroddiadau hyn, daeth Fyffe Robertson i aros yn yr ardal am dridiau a chael oriau i glywed ochr y gwrthwynebwyr gan yr ysgrifenyddes.

Er i'w bapur fod yn bleidiol i drigolion Tryweryn, rhybuddiodd y *Guardian*: "The Welsh Nationalists are sometimes their own worst advocates. Their own fervency rightly or wrongly can be self-defeating; it makes them suspect in the quarters that matter".

Yn ystod y dyddiau cyn i Fesur Preifat Lerpwl ddod o flaen aelodau'r Tŷ Cyffredin perswadiwyd Henry Brooke y Gweinidog Cartref i ymweld â Chapel Celyn. Cyfarfu â nifer o'r trigolion yn ogystal â Goronwy Roberts a'i hebryngodd o amgylch gogledd Cymru. Ymddangosodd yn ddyn dymunol a chydymdeimladol a rhoddodd hwb i ddisgwyliadau'r gwrthwynebwyr. Codwyd calon y trigolion gan ddywediadau T.W. yr aelod seneddol lleol a'i frawd fod ganddynt newyddion da "i fyny eu llawes" ac y byddai canlyniadau yn dilyn.

Er siomedigaeth ddofn ni wireddwyd hyn. Yr unig beth a gafwyd oedd addewid gan y Gorfforaeth y gallai Meirionnydd gael cyflenwad o ddŵr at eu gofynion pe codai'r angen. Ni soniwyd am y pris!

Ar 16 Gorffennaf 1957 cyfarfu Pwyllgor Dethol Tŷ'r Cyffredin i dderbyn unrhyw dystiolaeth ychwanegol i'r hyn a gyflwynwyd yn Nhŷ'r Arglwyddi yn gynharach. Mynd dros yr un dadleuon a wnaed ac ystyried tystiolaeth Tom Jones a glodforodd ddysg a dawn pobl ddiwylliedig yr ardal. Cyflwynodd y bargyfreithwyr eu dadleuon yn fedrus, ond anodd iawn oedd y sefyllfa.

Yn y ddadl dyngedfennol cyn pleidlais yr Ail Ddarlleniad cafwyd areithiau gwych a bwysleisiodd annhegwch yr awdurdodau mawr yn gwasgaru cymdeithasau diwylliedig er mwyn gwneud elw. Pwysleisiodd Tudor Watkins, Aelod Seneddol Brycheiniog a Maesyfed, cyn lleied o dai a ffermydd yng Nghymru a oedd wedi eu cysylltu â dŵr a thrydan. Siaradodd aelodau Cymreig eraill yn glir ac emosiynol, gan gynnwys Raymond Gower.

Yr un person a ddylanwadodd yn dyngedfennol oedd Henry Brooke. Er iddo ddatgan cydymdeimlad â'r trigolion, yr oedd, wedi astudiaeth ddwys, yn cymeradwyo llwyddiant i Fesur Corfforaeth Lerpwl. Cythruddodd hyn nifer sylweddol o'r aelodau gan y teimlent iddo ildio i bwysau yr aelodau Seisnig. Nid rhyfedd iddo gael yr enw "Bradwr Tryweryn".

Gyda 223 o aelodau yn bresennol yn Nhŷ'r Cyffredin, sef nifer uchel ar destun dibwys i lawer, cafwyd bod 166 wedi pleidleisio o blaid a 117 yn erbyn, sef mwyafrif o 49 yn unig.

The Minister of Housing and Local Government and Minister for Welsh Affairs (Mr. Henry Brooke): Members who had voted for the Bill's rejection would saddle themselves with a very grave responsibility for water shortages which might occur in the next few years on Merseyside and in south-west Lancashire. I cannot believe that preservation of the Welsh way of life requires us to go as far as that. I cannot believe that the Welsh people of all people want to stand outside the brotherhood of man to that extent.

Pennod 5

CAM OLAF MESUR CORFFORAETH Lerpwl nawr fyddai'r Trydydd Darlleniad. Dydd olaf Gorffennaf 1957 oedd y dyddiad a bennwyd, ac yn ystod y dyddiau blaenorol bu cryn drafod a dadlau ymysg yr aelodau seneddol, yn enwedig y rhai Cymreig gan i bron bob un ohonynt wrthwynebu'r Mesur. Er iddi siarad o blaid arbed Cwm Tryweryn, pan ddaeth hi'n amser pleidleisio, atal a wnaeth Eirene White, Aelod Seneddol Sir y Fflint oherwydd pwysedd oddi wrth ei chefnogwyr yn y sir a ddibynnai mor drwm ar waith dur Shotton. Ymddengys i David Llywelyn, gogledd Caerdydd hefyd bleidleisio o blaid y Gorfforaeth. Yr oedd Aneurin Bevan allan o'r wlad ar y pryd. Y peth rhyfeddol yw i weddill yr aelodau Cymreig bleidleisio yn erbyn – peth hollol unigryw. Eto, gwelwyd colli'r unfrydedd pan ddaeth yr amser penderfynu ar dacteg yn ystod y Trydydd Darlleniad, sef y cyfle olaf i drechu cynlluniau Lerpwl.

Bu dadlau a checru ymysg yr aelodau. Yr oedd un garfan, gyda Raymond Gower, Tori Penarth a'r Barri ar y blaen, yn dadlau y dylid canfasio'n fwy nag erioed a brwydro hyd y diwedd. Wedi'r cyfan doedd mwyafrif pleidlais yr Ail Ddarlleniad yn ddim ond 49. Teimlai ef y byddai'n bosibl siarad a siarad nes i'r aelodau Seisnig, nad oedd ganddynt unrhyw frwdfrydedd, deimlo'r eisiau i droi am adref, yn enwedig ar ddiwedd tymor haf y Tŷ. Dadl aelodau eraill oedd na fyddai brwydro pellach yn gwneud "dim lles", sef rhesymu rhyfedd iawn yn wyneb prinder y lles y gellid ei ddisgwyl o gyfeiriad y Gorfforaeth. Parhaodd y diffyg undod a'r ffraeo tan y Darlleniad.

Y penderfyniad cymysglyd oedd na elwid am ddadl ffurfiol ac

y dibynnid ar un bleidlais yn unig.

O fewn deng munud roedd y cyfan drosodd, gyda 175 aelod o blaid y Gorfforaeth a 79 yn erbyn, gan roi mwyafrif o 96. Daethpwyd i'r canlyniad hwn gyda thros bedwar cant heb drafferthu bod yno. Dyna ddedfryd marwolaeth Capel Celyn.

Her Majesty Queen Elizabeth II

May it please your Majesty

We, the people of Capel Celyn in Cwm Tryweryn in the County of Merioneth, are taking this bold step of appealing to your Majesty, our Queen, personally because our homes are in great danger. Most of us have lived here quietly all our lives and our families for generations before us, and we have followed the good customs of our fathers on the land and in our social life. But the Liverpool Corporation has obtained parliamentary approval for its plan to drown our valley and to remove us from our homes. We cannot bring ourselves to accept this fate and we now humbly venture to appeal to your Majesty to use your great influence on our behalf to save our homes. We also remember with pleasure that His Royal Highness the Duke of Edinburgh is Earl of Merioneth. If your Majesty would kindly use your good offices to persuade Liverpool Corporation not to use the power it has obtained, our gratitude will always follow you.

Dyna hefyd, yn ôl eu beirniaid, frad nifer sylweddol o aelodau'r Blaid Lafur ar ôl datgan eu geiriau gobeithiol i'r trigolion.

Bu un weithred arall, yr olaf yn enw'r Pwyllgor Amddiffyn yn gysylltiol â'r Llywodraeth, a honno oedd "llythyr boneddigaidd" i'r Frenhines yn pledio arni i geisio dylanwadu ar ei Llywodraeth i arbed boddi Capel Celyn. Apêl o weithredu mewn enbydrwydd oedd hon. Fel y gellid disgwyl, aflwyddiannus fu'r ymdrech er gwyched y cyflwyniad anarferol. Er hyn, mae'n sicr i'r rhai a welodd y llythyr yn y wasg gydymdeimlo â'r deisyfiad. Ifor Owen, Llanuwchllyn oedd awdur a chynllunydd y llythyr a dyma esiampl arall o'i frwdfrydedd a'i amryddawn allu.

O fewn ychydig ddyddiau cododd anghydfod arall yng Nghymru. Dyma amser yr Eisteddfod Genedlaethol, man cyfarfod deallusion, beirdd a chantorion y genedl. Llangefni oedd ei lleoliad yn 1957 a daeth gwybodaeth fod Henry Brooke wedi derbyn gwahoddiad. Mae'n debyg i hyn ddigwydd pan ymwelodd â gogledd Cymru cyn yr Ail Ddarlleniad yn Nhŷ'r Cyffredin pan ochrodd gyda Lerpwl a selio tynged Capel Celyn.

Er bod Llys yr Orsedd, dan ddylanwad y Prydeiniwr mawr Cynan, yn awyddus i blesio gwleidyddion dylanwadol er mantais i'r Wŷl, cythruddwyd y cenedlaetholwyr i'r eithaf nes iddynt roi rhybudd pendant na ddylid gweld Henry Brooke ar y llwyfan. Dywedid y byddai hyd yn oed y Cymry ar Wasgar yn diflannu o'i weld hefyd. Bu ffraeo cas, ac yn y diwedd gwnaed penderfyniad na fyddai'n ddiogel i'r Gweinidog Cartref ymweld â'r llwyfan na'r Maes hyd yn oed.

Oedd, roedd y cenedlaetholwyr, yn dilyn eu siom o golli brwydr Tryweryn, wedi gorchfygu am y tro. Siom arall iddynt oedd na soniodd dau Lywydd y Dydd sef Cledwyn Hughes a Megan Lloyd George, air am Dryweryn. Mae'n debyg i'r ddau deimlo fod rhaid gochel rhag cymysgu gwleidyddiaeth a diwylliant.

Darllenwyd i Gwynfor Evans, toc wedi colli'r dydd yn erbyn

Lerpwl yn San Steffan, gysylltu â golygydd y *Western Mail* i gyflwyno "'syniad pert' i gronni dŵr a chael argae llai o faint yn rhan uchaf Cwm Tryweryn" a fyddai'n achub Capel Celyn. Er y byddai hi wedi bod yn ymarferol i foddi'r mynydd-dir i gyfeiriad Trawsfynydd, ni chlywais i sôn am y peth bryd hynny. Credaf mai syniad a ailgododd oedd adeiladu cronfa o'r fath ar Afon Celyn i gyfeiriad Ysbyty Ifan, sef awgrym gan Mr Robinson, arbenigwr peirianyddol a gyflogwyd gan y Pwyllgor Amddiffyn ac a wrthodwyd fisoedd ynghynt.

Beirniadwyd Gwynfor Evans yn hallt gan ei feirniaid am iddo, tua diwedd y frwydr, ddangos parodrwydd i gyfaddawdu. Credaf mai annheg yw hyn. Gwyddai ef cystal â neb fod Lerpwl ar fin, neu wedi, llwyddo gyda'r Mesur a'i ddeisyfiad ef oedd arbed cartrefi'r pentref a chwalu'r gymdeithas. Cysylltwyd ei enw hefyd â gofyniad pendant y dylai Lerpwl gyflogi gweithwyr lleol i adeiladu'r argae gyda'r gronfa i'w throsglwyddo i'r Bwrdd Dŵr. Byddid yn disgwyl i'r fath Fwrdd gael ei ffurfio mewn partneriaeth â'r Cyngor Gwledig lleol, a feddai'r hawl i werthu'r dŵr. Gyda Lerpwl mewn sefyllfa mor gryf, gwrthodiad nawddoglyd a wynebwyd.

Yn dilyn colli'r dydd, trafodwyd y sefyllfa gan Gyngor Gwledig Penllyn a phenderfynwyd anfon cais ffurfiol at Arglwydd Faer Caerdydd i alw cynhadledd i geisio rhoi pwysau ar Lerpwl i dderbyn cynrychiolaeth o Gymry amlwg i ddangos pa mor ddwfn oedd y diflastod a fodolai drwy'r wlad. Trefnwyd i Aneurin Humphreys, fel Ysgrifennydd y Cyngor ac aelod o'r Pwyllgor Amddiffyn, drafod y syniad. O ganlyniad, penderfynodd yr henadur J.H. Morgan alw cynhadledd yng Nghaerdydd a gwahodd cynrychiolwyr o fudiadau a chynghorau a phobl o'i ddewis ei hun i bwyso ar Gorfforaeth Lerpwl i ddangos tosturi a chynnig telerau gwell.

Darllenwyd fwy nag unwaith dros y blynyddoedd mai llywydd Plaid Cymru a golygydd y *Western Mail* a gynlluniodd y syniad uchod. Efallai y gwnaed cysylltiad anffurfiol gan lywydd y Blaid, ond mae llythyr ymateb ar gael a dderbyniodd y Cyngor Gwledig. Gwelwyd hefyd erthygl gan yr enwog Caradog Pritchard yn y *News of the World* yn canmol Arglwydd Faer Caerdydd "am ymateb yn ffafriol i gais Cyngor Gwledig Penllyn" am Gyngres Genedlaethol.

Digwyddodd y cyfarfod yma ar 28 Ionawr 1958 pan ymgasglodd tua thrigain o gynghorwyr ynghyd â Chymry blaenllaw a deg aelod seneddol. Gwelwyd fod teimladau cryf yn erbyn yr hyn a gyflawnwyd gan Lerpwl yn wyneb gwrthwynebiad pendant yr aelodau seneddol Cymreig. Bu cyfarfod â phrif swyddogion y Gorfforaeth ond i ddim pwrpas ac er i gynhadledd arall gael ei chynnal yng Nghaerdydd ar 14 Gorffennaf 1958, aflwyddiannus fu'r ymdrech i ddylanwadu ar y Gorfforaeth.

Gellid cael yr argraff mai methiant llwyr fu'r ymdrechion yma ond gellid dadlau fod peth mor unigryw â galw ar gynrychiolwyr o'r de a'r gogledd ymuno i gydweithredu, yn torri tir newydd yn hanes diweddar Cymru.

Yng Nghwm Tryweryn torrwyd y coed a malwyd y tai, gyda Tarmac, yr adeiladwyr o Wolverhampton, yn hapus i gael pob math o adnoddau yn lleol. Dychrynllyd o ddiflas, fodd bynnag, oedd hi i Mrs Martha Roberts a'i disgyblion druan yn yr ysgol. Bu raid iddynt ddioddef sŵn y lorïau a'r peiriannau enfawr yn ddyddiol am amser maith, yn pasio'r ysgol gyda llwch anhygoel yn codi.

Trefnwyd cyfarfod arbennig i gau'r ysgol ar 5 Gorffennaf 1963 pan ddaeth Dirprwy Gyfarwyddwr Addysg y sir sef Tecwyn Elis ynghyd â swyddogion o Ddolgellau a rheolwyr yr ysgol. Un gwestai o ddiddordeb oedd Gruffydd Hughes o'r Bala. Hughes "y siwrans" oedd un o'r cyntaf ar gofrestr yr ysgol ar ei hagor yn 1881. Yr oedd ef yn bysgotwr gwych a arferai ddod i bysgota yn Afon Celyn yn aml, ond amharod iawn oedd i ddangos, na rhannu, ei ddaliad â ni'r plant! Bu Watcyn o Feirion hefyd yn gysylltiedig â'r ysgol am flynyddoedd lawer, yn cynorthwyo talentau'r plantos ac yn rhoi partïon Nadolig iddynt.

Y cyfarfod olaf yn yr ysgol.

Dros y blynyddoedd addysgwyd plant yr ardal yn effeithiol gan nifer o athrawon dawnus, sef peth pur annisgwyl mewn lle mor anghysbell, heb dŷ cysylltiol a chyfleusterau teithio gwael. Tan ganol y 1920au arferai plant Arenig gael eu haddysg gynradd yno ond gadawyd iddynt fynd ar y trên i'r Bala wedyn. Yr oedd yn drefniant hynod greulon i ddisgwyl i blant bach gerdded ymlaen ac yn ôl i Arenig bob dydd ymhob tywydd.

Ar un o furiau'r ysgol roedd llun o O.M. Edwards, cymwynaswr mwyaf addysg yng Nghymru. Fel prif arolygwr y wlad ymwelodd ag Ysgol Celyn ar 11 Medi 1914 a chael ei swyno gan y plant bach gwledig ac annwyl. Cafwyd ymweliad gan nifer o arolygwyr ysgolion dros y blynyddoedd. Er enghraifft, roedd dwy ohonynt yn hynod hoff o'r plant ac edrychai'r plant ymlaen at ymweliadau

Cassie Davies a Gwyneth Evans.

Ar yr ail o Ionawr 1960 cafwyd y daith olaf i deithwyr ar y trên o'r Bala i Flaenau Ffestiniog a gwelwyd dau gant neu fwy yng ngorsaf y Bala yn chwifio ffarwél i hen gyfaill a'i gwasanaethodd mor ffyddlon dros y blynyddoedd.

Er i Lerpwl addo pob cymorth i'r lein, cael ei chau wnaeth fel y rhagwelid, a thrueni i hynny ddigwydd. Roedd y daith yn enwedig yn ardal Cwm Prysor (lle y gellir gweld y bont uchel hyd heddiw), yn un hynod o brydferth. Golygodd hyn hefyd ladd rhagolygon pentref, chwarel a gorsaf Arenig.

Bu cysylltiad hir a hapus rhwng trigolion Cwm Tryweryn a ymgartrefai ger llinell y rheilffordd â Moss a Jones y Gârd. Bu'r ddau'n cludo ac yn taflu'r *Daily Post* yn ddyddiol ar eu taith o'r Bala. Roedd cymwynasau o'r fath yn bethau cyffredin iawn yn yr ardal.

Digwyddiad arall hynod drist oedd gwasanaeth olaf y capel ar 28 Medi 1963. Erbyn hyn roedd colli brwydr Tryweryn wedi dod yn destun cenedlaethol a daeth cannoedd o ymwelwyr o bell ac agos i ddangos eu cydymdeimlad. Ymhen ychydig fisoedd wedyn ymyrrwyd â'r beddau yn y fynwent. Rhoddwyd cynnig i berthnasau'r meirw, hyd y gellid cysylltu â nhw, i'r adeiladwyr godi ac ailgladdu'r cyrff mewn mynwentydd cyfagos. Gadewid y gweddill heb eu cyffwrdd a'u gorchuddio dan haenen o goncrid. Dymchwelid y capel a defnyddio'r cerrig mawr i gryfhau'r argae ac adeiladid capel coffa bychan ar safle Gwern Delwau lle y lleolid y cerrig beddau mewn ychydig o ardd.

Mae'r capel coffa yn dal ar ochr y llyn ond wedi ei gloi ar ôl i rywun geisio rhoi'r adeilad ar dân a'i halogi. Deil cerrig beddau y rhai a adawyd dan y dŵr, tra saif llechen goffa o fewn yr adeilad yn enwi'r rhai a drigodd yng Nghapel Celyn ac a fu farw yno.

Y capel – fel yr ymddangosodd ar hen gerdyn post.

Y pulpud a'r sêt fawr yn y capel.

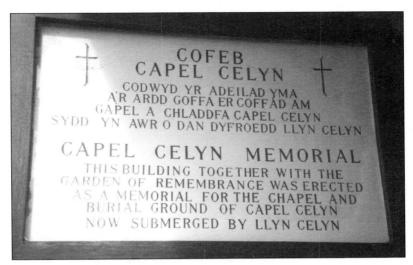

Llechen goffa yn y capel coffa sydd wrth ymyl y llyn.

Cludwyd cerrig o'r adeiladau a'u chwalu er mwyn atgyfnerthu'r argae.

Pennod 6

DIGALON IAWN OEDD Y dyddiau rhwng y ddedfryd i foddi Cwm Tryweryn ac agoriad swyddogol y gronfa yn 1965. Parhaodd y dicter am ymddygiad cyndyn y Gorfforaeth, a lledaenodd yr elyniaeth tuag ati trwy Gymru gyfan.

O edrych yn ôl dros y canrifoedd, sylwir ar y gwahaniaeth mawr yn hanes yr Albanwyr, y Gwyddelod a'r Cymry. Bu ymddygiad eu trigolion yn wahanol iawn. Yn yr Alban gwelwyd y brwydro creulonaf rhwng y gwahanol dylwythau. Dros y blynyddoedd, yn enwedig yn y ganrif ddiwethaf o dan y Saeson, gwelwyd cweryla a lladd dychrynllyd yn Iwerddon. Teimlwyd fod rhyw danbeidrwydd eithriadol yn perthyn i'w natur. Buont yn hynod anturus hefyd, yn mentro i eithafoedd byd yn enwedig yn ystod eu caledi.

Er bod cysylltiadau teuluol clòs rhwng brenhinoedd Lloegr a'r tywysogion Cymreig cafwyd nifer o ryfeloedd a llawer o ysgarmesoedd a arweiniodd at adeiladu cestyll godidog yma. Cafwyd cyfnod byr o obaith adeg Owain Glyndŵr, ond colli fu'r hanes. Cofir hefyd i ddynion perfeddwlad Cymru gyfrannu'n sylweddol tuag at fuddugoliaeth Harri ym mrwydr Bosworth a dyrchafu'r Tuduriaid i rym. Trychineb fawr oedd y digwyddiad hwnnw mewn gwirionedd. Nid yn unig y collodd Cymru safle ei hiaith ond ymfudodd llawer o'i harweinyddion a'i deallusion am fywyd bras a breintiedig Llundain.

Nid hanesydd mohonof, ond cesglir yn amlwg na chafodd Cymru fawr o unigolion, fel yn Iwerddon, i weithredu'n filwrol yn erbyn eu llywodraethwyr. Bu'r genedl yn un heddychol ac ufudd, er cymaint yr anghyfiawnder a gormes y tirfeddianwyr, yr eglwys gyda'r degwm, cyflwr byw truenus y gwragedd a dioddefaint tlodi. Wedi'r Ail Ryfel Byd dechreuodd pwerau'r wladwriaeth a'r cyfoethogion bydru a daeth yr hyder i brotestio a gwrthwynebu yn fwy cyffredin. Ymddengys i'r fath ddrwgdeimlad godi yn dilyn brwydr Cwm Tryweryn. Nid hollol annisgwyl felly oedd darllen yn y papurau newydd am ddau ŵr ifanc o dde Cymru sef David Walters a David Pritchard yn niweidio trawsnewidydd trydanol ar safle'r argae. Ni fu unrhyw fygythiad i fywyd a daethpwyd o hyd i'r troseddwyr yn rhwydd. Can punt yr un oedd eu dirwy.

Mwy difrifol oedd achos Emyr Llywelyn Jones o Landysul a gyhuddwyd o achosi ffrwydrad ger safle'r argae ar 10 Chwefror 1963. Yn ffodus i'r heddlu trodd y tywydd gaeafol yn erbyn Emyr Llywelyn a'i ddau gyd-droseddwr, a thrwy ddefnyddio'r eira a chael gafael ar fanylion y modur a logwyd, daliwyd y myfyriwr. Maes o law arestiwyd y ddau droseddwr arall hefyd, sef Owain Williams o Bwllheli, perchennog caffi, a bachgen ifanc o dan ugain oed sef John Albert Jones. Cynhaliwyd achos Emyr Llywelyn yn y Bala pan ddaeth torf i ddangos eu hochr a chodi arian tuag at unrhyw ddirwy. Carchar yn Abertawe fu pen y daith iddo.

Wedi'r achosion a'r carchar ysgrifennodd Owain Williams hanes yr anturiaeth ac fe gafodd ei gyhoeddi. Bu ei aberth bersonol a'i golledion yn destun cydymdeimlad dwys. Oherwydd ei oed gollyngwyd John Albert Jones a chafodd rybudd i fyw'n heddychol am gyfnod penodedig. Bu aberth Emyr Llewelyn, a oedd yn fyfyriwr yn Aberystwyth, yn batrwm i nifer o fyfyrwyr eraill. Ysgrifennodd yntau am ei brofiad a'i ddaliadau a daeth ei enw'n adnabyddus ymysg to ifanc ei gyfnod. Er i dorcyfraith y tri uchod godi beirniadaeth o sawl cyfeiriad, buont yn arloeswyr a chodwyd ymwybyddiaeth o Gymru o'u sefyllfa. Wedi oesoedd o daeogrwydd gyda'r syniad mai rhyw dalaith fach dlawd o dan bawen garedig y wladwriaeth Brydeinig oedd Cymru, gwelwyd egin deffroad yn y tir.

Fel y nodwyd, hyd yn oed erbyn 1955, roedd y Llywodraeth yn San Steffan wedi dechrau dod yn ymwybodol fod anesmwythder wedi codi yng Nghymru ac wedi cyhoeddi fod Caerdydd yn mynd i gael ei dyrchafu'n brifddinas. Digwyddodd hyn er ystyfnigrwydd rhai gwleidyddion fel Herbert Morrison i ildio i unrhyw fath o ddatganoli. Hefyd, yn 1958 gwnaed datganiad pwysig y byddid yn ffurfio cyngor i astudio a datgan barn ar safle cyfreithiol yr iaith Gymraeg o dan gadeiryddiaeth y cyfreithiwr adnabyddus Hughes Parry.

Cynhyrfodd y math yma o ddatblygiad elynion yr iaith Gymraeg. Un o'r bobl hyn oedd George Thomas, Aelod Seneddol Llafur o Gaerdydd, a ddaeth, maes o law, yn ddyn o ddylanwad yn y llywodraeth fel Ysgrifennydd Gwladol Cymru, Llefarydd Tŷ'r Cyffredin ac Arglwydd yn Nhŷ'r Arglwyddi. Ei ddisgrifiad ef o Gyngor yr Eisteddfod Genedlaethol a'i harchdderwydd, y Parch William Morris oedd, "They're a crowd of craven cowards". Rhyfedd o fyd iddo gael ei ddyrchafu i'r wisg wen yn yr orsedd, maes o law.

Byddai disgrifio a dehongli troseddau a welodd Prydain yn ystod ymgyrch 1956 yn gofyn am astudiaeth hir a dofn. Tra bo digon o wrthwynebwyr i'r syniad o ddatganoli, roedd yr ymwybyddiaeth o Gymreictod ar ei dwf.

Er enghraifft, bu canlyniad Etholiad Cyffredinol 1959 yn siom enfawr i Blaid Cymru. Gyda bendith ysgrifenyddes Pwyllgor Amddiffyn Capel Celyn roedd Plaid Cymru wedi derbyn cyhoeddusrwydd anarferol. O amgylch y Bala clywid yn aml fod Plaid Cymru wedi derbyn llawer mwy nag a wnaethant ar ran y gwrthwynebwyr. Bu ei hymyrraeth yn fwy o rwystr nag o les ym marn amryw o sylwebyddion. Er enghraifft, tybid i benderfyniad Gwynfor Evans i arwain gorymdaith trigolion Capel Celyn yn Lerpwl ar 21 Tachwedd 1956 fod yn gamgymeriad o bwys. Nid ef a drefnodd yr ymweliad ond rhoddodd Swyddfa'r Blaid fenthyg y baneri. Yr ysgrifenyddes a wnaeth y trefniadau heb fendith lwyr y trigolion ofnus, a llogi'r bws am £27. Apeliodd am ganiatâd i fynd i Lerpwl ar y bws (ac ildio'i chyflog) ond gwrthodwyd ei chais gan y Cyfarwyddwr Addysg a chafodd gerydd llym am ei haerllugrwydd yn gofyn y fath beth. Gan mai llywydd Plaid Cymru a arweiniodd, yn hytrach na llywydd y Pwyllgor Amddiffyn, gwnaed y brotest yn un boliticaidd.

Wedi ei siomi'n arw gan ei bleidlais yn 1959 cyfaddefodd Gwynfor Evans maes o law: "The Tryweryn campaign did not significantly strengthen the National Party in Meirioneth where I was a Plaid Cymru candidate". Ym Mhenllyn ymdrechodd Dafydd Orwig yn galed i gynyddu'r nifer o ganghennau ond oerodd y gefnogaeth i lywydd y Blaid.

Teimlodd Gwynfor hyn i'r byw, a chyn yr Etholiad nesaf symudodd ei faes etholiadol i sir ei gartref. Methiant siomedig fu ei hanes yno hefyd y tro cyntaf, ond mewn isetholiad yn yr un flwyddyn, 1966, yn dilyn marwolaeth Megan Lloyd George, llwyddodd i ennill y sedd gyda mwyafrif sylweddol a arweiniodd at y dathlu mwyaf swnllyd a welwyd yng Nghaerfyrddin erioed. Bu'r digwyddiad hwnnw yn garreg filltir bwysig yn hanes diweddar Cymru.

Hyd at y fuddugoliaeth hon, digalon oedd darllen adroddiad Plaid Cymru am 1964. Rhaid oedd cyfaddef fod yr aelodaeth, yn enwedig y rhai'n ymuno o'r newydd, wedi lleihau'n ddifrifol gyda'r ffigyrau yn dangos aelodaeth tua dwy ran o dair o'r hyn a oedd bedair mlynedd ynghynt, yn 1960.

Pennod olaf diflaniad Capel Celyn oedd cyfarfod agor swyddogol "Tryweryn Reservoir" Corfforaeth Lerpwl. Daethpwyd i wybod mai 21 Hydref 1965 fyddai'r dyddiad. Gyda Bessie Braddock, Aelod Seneddol Exchange, Lerpwl a'i gŵr James, a oedd yn arweinydd y Cyngor, yn datgan y dymuniad i gael dathliad hapus a chael y Frenhines i bwyso'r botwm "a dangos ewyllys da", cael eu siomi a wnaethant. Cafwyd cyngor gan yr heddlu y byddai'r fath beth yn bryfoclyd ac y gellid gweld, o bosib, yr F.W.A. yn dod i'r amlwg.

Ni allai Bessie ddeall hyn. Wedi'r cyfan roedd y Gorfforaeth wedi ennill y frwydr "yn hollol ddemocrataidd" ac roedd hi wedi datgan yn glir y dylid, yn y dyfodol, gael archwiliad a threfnu adolygiad o anghenion ac adnoddau dŵr Cymru a Lloegr. Byddai hyn, wrth gwrs, ar ôl i Lerpwl gael ei digoni!

Fis cyn yr agoriad anfonodd ysgrifenyddes y Pwyllgor Amddiffyn lythyr at y Gorfforaeth yn gofyn a gytunent i ailenwi eu cronfa yn Llyn Celyn. Yn ddigon annisgwyl, cytunwyd â'r cais.

Yn wyneb y rhybuddion penderfynwyd mai'r henadur Cain, cadeirydd y Pwyllgor Dŵr a gyflawnai'r seremoni. Ofnid y byddai'r cenedlaetholwyr yng Nghymru, a oedd yn dod yn fwy ymosodol eu hagwedd bob mis, yn casglu nifer fawr o brotestwyr i greu cynnwrf. I ychwanegu at y bygythiadau gwelwyd fod y papurau newydd wrth eu bodd – yn rhagweld diwedd y byd o leiaf!

Pobl ofnus ddaeth o Lerpwl, a chyrraedd yr argae erbyn hanner awr wedi deg ar 21 Hydref 1965. Nid rhwydd fu eu cyrraedd. Yn hytrach na chanu "We'll keep a welcome in the hillside" a'u croesawu, cawsant eu rhwystro gan ddau gant neu fwy o wrthwynebwyr.

Cyn dyddiad y dathlu, gwahoddwyd pob copa walltog ddylanwadol yr ardal, a thu hwnt, i ddangos pa mor awyddus oedd Cyngor Lerpwl i gydweithio mewn harmoni â'r trigolion lleol. Wedi'r cyfan roedd y Gorfforaeth wedi bod mor hael ag addo y gallai Sir Feirionnydd dderbyn peth o ddŵr Tryweryn pe bai angen yn y dyfodol. Eisoes, yn wyneb eu digonedd, roedd y Gorfforaeth wedi cynnig faint a fynnent o ddŵr ychwanegol i Sir Amwythig. Nid awdurdod hunanol oedd Corfforaeth Lerpwl!

Ymysg y gwahoddedigion, ond nid yn amlwg ei bresenoldeb, oedd pennaeth yr heddlu yng ngogledd Cymru. Daeth â phlismyn gydag ef hefyd. Wedi'r cyfan, roedd cynrychiolaeth gref o Lerpwl gan gynnwys yr Arglwydd Faer, y Prif Gwnstabl a swyddogion amlwg eraill, i'w diogelu.

Cynigiwyd gwahoddiadau di-rif i Gymry a fyddai'n debyg o ymateb yn ffafriol. Er mwyn rhoddi parchusrwydd i'r seremoni gwahoddwyd dau Archesgob Lerpwl ac esgobion Llanelwy a Minevia ond gwrthod a wnaethant. Fodd bynnag, cafwyd rheithor Eglwys y Bala i gynnig bendith Y Goruchaf ar y bwyd a ledaenwyd yn hyfryd ar y byrddau yn y babell. I ddiflastod mwyafrif helaeth y gynulleidfa swnllyd gwelwyd fod T.W. Jones yr Aelod Seneddol yno. Felly hefyd oedd yr atgasedd tuag at bresenoldeb Clerc y Cyngor Sir. Cyhuddid ef (yn gam neu'n gywir) o beidio â rhybuddio trigolion a phobl Meirionydd, fel y dylai, fod peirianyddion Lerpwl yn 1955 yn archwilio safleoedd i'w boddi. Mynnent hefyd mai heb bwysau unigolion fel Evan Lynch ac eraill, fyddai'r Cyngor Sir ddim wedi trefnu gwasanaeth dau fargyfreithiwr i gyflwyno gwrthwynebiad i'r Mesur. Nid annisgwyl oedd gweld R.G. Roberts, Cadeirydd Cyngor Trefol y Bala, ond roedd mwy o ddicter o weld yr henadur E.P. Roberts yno (a fu am amser yn gadeirydd y Pwyllgor Amddiffyn lleol), gyda'r Cynghorydd Caradog Roberts a David Tudor o Drawsfynydd hefyd.

Gyda'r Cyngor Gwledig, bu rhwyg gyda'r cadeirydd ar y pryd, sef David Lloyd Davies, am ei fod yn frwdfrydig ynglŷn â mynd i'r agoriad. Trafodwyd y gwahoddiad gan y Cyngor a phenderfynwyd na ddylid rhoi bendith ar y fath ddathlu. Yn ei bwdu, ceisiodd a chafodd y cadeirydd wahoddiad cynnes iddo ef a'i wraig a'i gyfeillion o'r staff i ymuno â'r cynghorwyr eraill.

Gwelwyd Tom Jones, Llanuwchllyn yno yn rhinwedd ei gysylltiad â phrisio eiddo ar ran Lerpwl. Deallwyd i ddau brisiwr weithredu ar ran y Gorfforaeth ond bu rhyw anghydfod a thorrwyd rhai o'r cysylltiadau, os nad y cyfan. Deliodd un perchennog fferm, na foddwyd ond rhan ohoni, yn uniongyrchol â Lerpwl, a thrwy ddod i delerau da, cafodd ganlyniad fel hawliau pysgota ac ati. Ni wyddys ai dyma'r rheswm i bawb ohonom a fu'n byw yn yr ardal gael yr hawl i bysgota gyda chwch ar y llyn.

Tri gŵr bonheddig na chafodd wahoddiad oedd tri aelod Byddin Rhyddid Cymru (F.W.A.). Ceisiwyd cyfleu'r argraff mai cynrychiolaeth fechan o'r fyddin oedd y tri yn eu gwisg "swyddogol" debyg i wisg milwyr Cuba. Er iddynt fod yn destun gwawd i rai a smaldod i eraill, cymerwyd eu hymddangosiad yn hynod ddifrifol gan yr heddlu. O'r amser yma hyd at gyfnod y llosgi tai gwyliau bu heddlu cudd y Swyddfa Gartref yn dra phrysur yn cadw golwg ar genedlaetholwyr yng Nghymru a allai fod yn barod i wynebu aberth drwy dorri'r gyfraith. Mae'n bosibl i'r amheuon a gododd yn nechrau'r chwedegau, gyda'r troseddu yn Nhryweryn, wneud i'r Llywodraeth dalu mwy o sylw i'r posibilrwydd o weld gwrthryfel yn codi yng Nghymru i ychwanegu at eu trafferthion yng Ngogledd Iwerddon. Awgrymwyd, hyd yn oed, i waith dur Llanwern gael ei leoli yng Nghymru am y rheswm yma.

Un gwahoddiad o Lerpwl a wynebodd wrthodiad cyflym oedd yr un i Dafydd Roberts a ddilynodd E.P. Roberts, Llanfor fel llywydd y Pwyllgor Amddiffyn yn 1957. Ymddengys na fu cyfraniad y Cynghorydd Sir o unrhyw werth.

Dyma gwpled yn disgrifio Dafydd Roberts:

"Da wladwr duwiol ydoedd

A gŵr Duw o'r gwraidd oedd."

Gan ei fod yn un o ddau bostman dan fy Nhad, deuthum i adnabod Dafydd Roberts yn dda. Perthynai i un o hen deuluoedd yr ardal yn Weirglodd-ddu a phriododd ef, fel Gruffydd Huw Gwern Adda, ferch o Ben-stryd, ger Trawsfynydd. Roedd y chwiorydd Elin a Margaret wedi dioddef amharch y llywodraeth Brydeinig drwy orfod dioddef, flwyddyn ar ôl blwyddyn, sŵn gynnau mawr y fyddin yn saethu pelennau ffrwydrol dros eu pennau. O'n cartref ni yn y tridegau gwelem y trenau hirion yn

cludo'r gynnau mawr i fyny drwy Gwm Tryweryn a chlywem
sŵn y saethu. Cofir i hanner cant o genedlaetholwyr ymweld
â'r fynedfa i'r Gwersyll i brotestio yn 1951 ond ni chafwyd
cefnogaeth o bwys i ddylanwadu ar gynlluniau'r Swyddfa Ryfel.
Cenedl daeog a fodolai yng Nghymru yn y cyfnod hwnnw a
methiant arall a wynebodd y cenedlaetholwyr.

Fel ei wraig, roedd gan Dafydd Roberts Gymraeg graenus
ond Saesneg gwan ac mae'n amlwg iddo boeni'n arw am gael
ei dywys gan Gwynfor Evans a Tudur Jones i Neuadd Cyngor
Dinas Lerpwl. Gwyddai'r ddau arweinydd dysgedig y byddent
yn debyg o gael eu gwrthod rhag cyflwyno eu protest ac efallai
eu cam-drin gan swyddogion yr Awdurdod, ond profiad creulon
oedd hwn i Dafydd Roberts. Syniad a chynllun Gwynfor Evans
oedd yr ymweliad, heb gysylltiad â'r Pwyllgor Amddiffyn, gyda'r
bwriad o gael hysbysrwydd i achos Tryweryn. I'w elynion, 'stunt'
ar ran Plaid Cymru oedd yr ymweliad. Eto, teg yw derbyn i'r
digwyddiad gael sylw yn y wasg, a bu Gwynfor yn hael yn ei
ganmoliaeth i Dafydd Roberts. Mewn gwirionedd ni ellir dweud
i Dafydd Roberts wneud cyfraniad o bwys mawr i ymgyrch
Tryweryn, ond roedd yn esiampl dda o'r math o bobl heddychol
ddiwylliedig bro Tryweryn. Ni wyddys iddo annerch cyfarfodydd
protest na sgrifennu i'r wasg ond bu'n gadeirydd doeth i'r Pwyllgor
Amddiffyn dros y misoedd olaf a chofnodi mewn llyfryn hanes yr
Eglwys Fethodistaidd Galfinaidd yng Nghapel Celyn.

Bu farw Dafydd Roberts ddeng niwrnod cyn dyddiad agoriad
swyddogol cronfa'r Gorfforaeth wrth yr argae. Saif ei garreg fedd
ym mynwent Llanycil ochr yn ochr â bedd Elisabeth, arweinydd
yr ymgyrch a fu farw ar 21 Mehefin 1965.

Un dywediad cofiadwy o eiddo Dafydd Roberts oedd "Trueni
i'r cyfan (y frwydr) gael ei gymysgu â pholitics."

Yng Nghwm Tryweryn disgynnodd glaw trwm yn ystod
1965 ac erbyn yr Hydref roedd y llyn yn orlawn. Pwysleisiodd
datganiadau yn y wasg, a ddeilliodd o Lerpwl, y byddai'r Cyngor

Sir ym Meirionnydd yn derbyn £74,000 y flwyddyn ac y byddai'r llyn yn gaffaeliad i faes twristiaeth y sir. Ni soniwyd y collid swm cyfatebol mewn grant o'r llywodraeth.

Trefnwyd y brotest ar fore'r agoriad swyddogol gan Elwyn Roberts ac R.J. Evans o Swyddfa Plaid Cymru yng Ngwynedd. Cafodd moduron yr ymwelwyr o Lerpwl eu hatal a'u cam-drin ond ni wnaed difrod o werth. Y peth mwyaf amlwg oedd y sŵn dychrynllyd a wnaed gan y dorf a oedd wedi cynyddu'n arw erbyn amser yr agoriad. Yr oedd y gwesteion wedi dychryn ac i waethygu'r sefyllfa, torrwyd gwifren meicroffon y Cadeirydd a dechreuodd y babell ysgwyd. Ymysg y gynulleidfa roedd Gwynfor Evans, Elwyn Roberts a D.J. Williams ac apeliwyd arnynt i geisio tawelu'r dorf.

Ymysg y gwesteion, wrth gwrs, roedd y Cymry a oedd wedi edrych ymlaen at weld y dŵr cyntaf yn gadael y llyn a chael cymysgu â phobl o bwys. Yn eu barn nhw, roedd ymddygiad y giwed o genedlaetholwyr yn gywilyddus ac yn dinistrio delwedd y Cymry yng ngolwg "our English friends".

Bu nifer o lythyrau yn y papurau lleol yn gwaredu ymddygiad y dyrfa a sut y gorfu i'r henadur Cain roi'r gorau i'w anerchiad cyn pwyso'r botwm, ond teimlodd y cenedlaetholwyr fod y brotest wedi dangos y gwrthwynebiad cryf a gododd yn erbyn agwedd a chynlluniau'r Gorfforaeth.

Nid oedd pawb o ardal y Bala yn cydweld â'r protestio a chlywyd am nifer o unigolion yn cael eu gwahardd rhag gadael eu lle gwaith, boed yn ysgol neu'n swyddfa. Eto, ymysg y rhai cannoedd a gyrhaeddodd yr argae cyn diwedd y bore, gwelwyd protestwyr o Fôn i Fynwy, yn ogystal â'r annwyl D.J. o Sir Benfro, yn dangos eu gwrthwynebiad.

Yn dilyn helynt yr agoriad swyddogol cafwyd i'r henadur Sefton, sef arweinydd y Blaid Lafur ar Gyngor Dinas Lerpwl ar y pryd, gydweld i gyfarfod Gwynfor Evans ac Elwyn Roberts i ymchwilio a oedd yn bosibl cael gwell telerau neu gael ychydig o geiniogau y galwyn am yr hyn a dynnid o'r llyn. Er i'r ddau genedlaetholwr gael, a haeddu, clod am eu dyfalbarhad ni welwyd unrhyw haelioni. Gwelid sôn am dalu am y dŵr yn agor peryglon dychrynllyd! Yr oedd perygl hefyd fod Plaid Cymru wedi ennill cefnogwyr o'r ymgyrch ac y byddent yn fwy dylanwadol yng Nghymru.

Teimlai aelodau a swyddogion Corfforaeth Dinas Lerpwl yn hapus yn eu buddugoliaeth, ond o fewn deng mlynedd trosglwyddwyd eu rheolaeth ar Lyn Celyn. Yn 1973 cafodd Awdurdod Dŵr Dyfrdwy a Chlwyd ganiatâd i adeiladu Llyn Brenig ac ehangu Llyn Alwen. Byddai'r ddau lyn yma wedi boddhau unrhyw anghenion o eiddo Corfforaeth Lerpwl.

Cael dŵr i'w werthu ar gyfer diwydiant oedd pwrpas cronni dŵr Tryweryn. Trosglwyddwyd awdurdod y ffynonellau hyn o'r ddinas i'r North West Water Authority. Pan ofynnwyd i'r Awdurdod newydd beth oedd sefyllfa dŵr Corfforaeth Lerpwl ar ôl yr ad-drefniadau hyn, atebwyd fod anghenion dŵr y ddinas wedi lleihau yn hytrach na thyfu dros y blynyddoedd diweddaraf. Daeth lleoedd fel Wrecsam a dwyrain Dinbych dan reolaeth Bwrdd Dŵr y gogledd-orllewin gyda rhan fwyaf o'r dŵr yn llifo i Loegr.

I Awdurdod Bwrdd Dŵr Cymru y daeth Llyn Celyn, diolch i'r drefn! Er hyn, fodd bynnag, mae'r sefyllfa ynglŷn â pherchenogaeth y cwmnïoedd dŵr yn un ansefydlog a chymhleth iawn. Mae prynu a gwerthu yn y maes wedi bod, a ffurf Dŵr Cymru wedi newid gyda'i gysylltiad ag United Utilities wedi bod o bwys.

Pennod 7

FEL Y GŴYR POB cenedlaetholwr Cymreig, yn 1925 ym Mhwllheli y ganed Plaid Cymru gyda chwe aelod gwreiddiol – un ohonynt yn arweinydd o ddylanwad ac argyhoeddiad. Yr arweinydd hwnnw oedd Saunders Lewis ac ef a lywiodd y blaid newydd am ei blynyddoedd anodd cyntaf, gyda'r annwyl Barch Lewis Valentine yn llywydd ac yn ymgeisydd seneddol cyntaf yn 1929. Ymunodd J.E. Jones â'r Blaid fel ysgrifennydd, pan oedd y pwyslais ar geisio cael i Gymru safle wleidyddol debyg i un Seland Newydd.

Dros y blynyddoedd, yn enwedig wedi llosgi adeilad ar faes ymarfer y Weinyddiaeth Awyr ym Mhenyberth yn 1935, bu cryn anghydfod ymysg arweinwyr y Blaid, gyda rhai aelodau'n pwysleisio un peth fel iaith ac eraill yn rhoi pwyslais ar amcanion gwleidyddol gwahanol. O'r dechrau bu Saunders Lewis, a fu'n swyddog yn y Fyddin, yn llawer mwy ymosodol ei agwedd tuag at lywodraeth Prydain. Bu J.E. yn ysgrifennydd diwyd, yn trefnu ysgolion haf ac ati i ddenu ac addysgu pobl ifanc y genedl am y sefyllfa yr oedd Cymru ynddi. Anodd oedd ei dasg. Ers cyfnod y Tuduriaid ystyrid Cymru fel rhanbarth dibwys o Brydain a'i dinasyddion yn wasgaredig eu hymagweddiad a difenter eu natur ym myd diwydiant. Derbynnid y gred na allai Cymru fodoli heb gymorth a haelioni'r llywodraeth yn Llundain. Oni ddywedodd Iorwerth Thomas AS y Rhondda yn y pumdegau, "The generosity of the English Treasury is responsible for developing our educational institutions"?

Trueni i'r *Treasury* adael i'w etholaeth, Cwm Rhondda,

ddirywio i'r fath raddau o dlodi a llesgedd. Beth am yr holl ddifrodi a lladrata adnoddau daearol y Cwm a Merthyr a gyfoethogodd y gwladychwyr o Loegr?

Amser hynod anodd a wynebodd y cenedlaetholwyr yng Nghymru. Rhaid edmygu eu dyfalbarhad yn wyneb cymaint o siomedigaethau.

Treuliodd J.E. flynyddoedd digon anodd fel ysgrifennydd y Blaid oherwydd yr anghydweld aml ymysg yr arweinyddion. Bu i'r llywydd orfod wynebu pob math o feirniadu, nid yn unig oddi wrth ei wrthwynebwyr o'r pleidiau eraill ond o fewn y swyddfa yng Nghaerdydd. Cywilyddus, er enghraifft, oedd geiriau Emrys Roberts o'r swyddfa, "He is shy, weak, unimaginative and lacking in drive." Wedyn cafwyd y datganiad gan Huw T Edwards, a oedd yn berson pur ddylanwadol bryd hynny, er iddo groesi o un blaid i'r llall. Meddai: "Da o beth fyddai i Gwynfor, fel Cristion, geisio gweld peth daioni yn ei wrthwynebwyr a chaniatáu iddynt safon o onestrwydd."

Heb ei fai, heb ei eni!

Mae'n sicr y cofir am Saunders Lewis fel arloeswr ym myd gwleidyddiaeth yng Nghymru ac efallai mai ei ergyd fwyaf oedd y ddarlith radio a gyflwynodd yn 1962. Rhagwelai ef farwolaeth yr iaith Gymraeg oni bai y gwelid ymyrraeth buan. Bu'r rhybudd yma ar "dynged yr iaith" yn garreg filltir a gynhyrfodd y genedl.

Bu i nifer cynyddol o bobl ddechrau cwyno a phrotestio. Darllenwyd yn y wasg am bobl fel y Beasleys yn y de ac Emrys Davies o ardal Tryweryn yn gwrthod talu biliau os nad oeddent ar gael drwy gyfrwng y Gymraeg. Ar lefel uwch cafwyd pobl bwysig fel Ioan Bowen Rees yng Nghaerdydd yn pwyso am gyfiawnder i'r iaith ym myd y gyfraith. Datblygodd y cwyno i dorcyfraith drwy amharu a difrodi. Er enghraifft, cafwyd tri o aelodau hŷn y Blaid sef y Parch Pennar Davies, Meredydd Evans a Ned Thomas yn distewi trosglwyddwr y BBC ar Fynydd Pencarreg fel protest.

Ymddengys i gyfarfod ym Mhontarddulais egino'r syniad, ac yn Aberystwyth dan arweiniad unigolion fel Teddy Milward ymgasglodd nifer o fyfyrwyr, gyda chymorth o Fangor, i sefydlu Cymdeithas yr Iaith Gymraeg a threfnwyd protest yn Nolgellau. Cyn hyn, fodd bynnag, bu protest annisgwyl ar y bont yn Aberystwyth ac roedd presenoldeb a pherygl y fintai o bobl ifanc o'r colegau yn destun condemniad o du'r awdurdodau.

Bu tyfiant cyflym y Gymdeithas hefyd yn destun dadlau. Bu'r aelodau yn dra amhoblogaidd ar y dechrau. Wedi'r cyfan doedd torri'r gyfraith ddim yn gymeradwy i bobl gyfrifol Cymru. Yn y brotest swyddogol gyntaf, dosbarthwyd posteri yn Nolgellau yn galw am degwch i'r iaith Gymraeg a threfnwyd i eistedd wrth ddrws y Swyddfa Bost a rhwystro cwsmeriaid rhag mynd i fewn. Beth ddigwyddodd i'r protestwyr? Dim croeso o gwbl ond cael eu cicio gan y cwsmeriaid a'u symud gan yr heddlu. Doedd nonsens fel hyn ddim i'w oddef!

Anelwyd ymdrechion y myfyrwyr a'u cefnogwyr tuag at arwyddion ffyrdd ag arnynt enwau lleoedd Saesneg. Condemniwyd hyn yn aml ond gwnaeth y weithred i bobl sylweddoli cymaint oedd y Saesneg wedi treiddio. Ni ellir yma ond crybwyll enw dau o'r protestwyr, sef Ffred Ffransis a Meinir Ffransis a ddioddefodd garchar ar ôl eu brwydro cyson. Cofiaf fynd i Pucklechurch ger Bryste pan oedd Meinir yn treulio cyfnod yno a phawb o'r gynulleidfa oddi allan yn edmygu ei gwroldeb. Rhaid cofio'r merched eraill hefyd.

Yn bur aml, achosodd y Gymdeithas dipyn o flinder i Blaid Cymru ac eraill, yn enwedig pan weithredent yn erbyn gwleidyddion fel Wyn Roberts y Tori, a weithiodd yn ddygn dros y Gymraeg yn amser Prif Weinidog Thatcher, ond galluogodd gweithredoedd y Gymdeithas i'r llywodraeth, a'r pleidiau a mudiadau eraill, dalu sylw i'w gofynion er mwyn cael gwared â'r torcyfraith.

Er y dymuniad i beidio â manylu trwy enwi cyfranwyr

mawr eu hymdrech dros yr iaith, rhaid cyfeirio at Dafydd Iwan a dreuliodd ei lencyndod yn Llanuwchllyn lle roedd ei dad yn weinidog ac yn aelod o Bwyllgor Amddiffyn Capel Celyn. Gyda'i ddawn i gyfansoddi caneuon cofiadwy a cherddi dychan, a'u canu fel neb arall, daeth yn eilun i filoedd. Nid rhywbeth dros nos fu ei lwyddiant a hirymarhous fu ei enwogrwydd. Gyda'i gyd-ganwr Huw Jones cychwynnodd gwmni yng Nghaernarfon a alluogodd i gantorion ifanc Cymreig roi awyr i'w gorchestion cerddorol. Bu ei gyfraniad i Blaid Cymru yn hynod bwysig hefyd.

Yn ystod chwedegau'r ganrif gwelwyd nifer amrywiol o ddigwyddiadau o bwys yng Nghymru, a chafwyd nifer o wleidyddion yn closio at y syniad y gallai Cymru gael mesur o ddatganoli. Er enghraifft, darllenwyd i James Griffiths, aelod blaenllaw yn y Blaid Lafur, mewn cyfarfod yn Ynysybwl yn Ebrill 1956, ddweud na fyddai llywodraeth ar wahân i Gymru yn fanteisiol. Eto, erbyn 1964 yr oedd yn bleidiol i fwy o bŵer i'r swyddfa yng Nghaerdydd. Y diwedd oedd iddo gael ei benodi yn Ysgrifennydd Gwladol Cymru.

Yr oedd y cyfnod yma yn un llewyrchus i Gymru. Yn ogystal â rhoi statws prifddinas i Gaerdydd cynhaliwyd Gêmau'r Gymanwlad yno yn 1968 a gododd safle Cymru ymhellach ymysg y cenhedloedd.

Yn y blynyddoedd dilynol agorodd y fflodiart i bob math o ddatblygiadau. Gwelwyd sefydlu nifer sylweddol o gyrff ac asiantaethau fel Bwrdd Nwy Cymru, Cyngor Chwaraeon, Cyngor Llyfrau, Cwmni Opera, Cyngor y Celfyddydau, Yr Academi Gymreig, Mudiad Ysgolion Meithrin ac ati.

I goroni'r cyhoeddiadau, datganodd Harold Wilson y Prif Weinidog y byddai Cymru yn cael ei hystyried fel uned economaidd am y tro cyntaf.

Yn y cyfnod gwawrio yma hefyd cafwyd nifer o wleidyddion a gwŷr amlwg o fewn Cymru yn rhoi pwysau ar y llywodraeth yn Llundain ac fe wnaeth hynny wahaniaeth sylweddol. Meddylir yn arbennig am John Morris, Aelod Seneddol Llafur Aberafan bryd hynny a dreuliodd dymor yng ngofal y Swyddfa Gymreig. Bu ef yn allweddol yn natblygiad a thyfiant y Swyddfa yng Nghaerdydd. Gwelodd hefyd sefydlu Awdurdod Datblygu Cymru (y W.D.A.), a chael gwaith dur enfawr ym Mhort Talbot – chwarae teg iddo! Bu ei gyfraniad ef, fel eraill a'u gwreiddiau yng Ngheredigion, yn eithriadol yn Nhŷ'r Arglwyddi. Cofir hefyd i Elystan Morgan weithredu dan George Thomas yn y Swyddfa Gymreig a haeddu medal am y fath orchwyl anodd.

Wedi cael ymchwiliad yn 1965 gwelwyd Deddf Gyntaf yr Iaith Gymraeg yn 1967 a oedd yn fan cychwyn, ond ni sefydlwyd Bwrdd Iaith tan 1993.

Ar y cyfan, bu Cymru yn ffodus o gael Ysgrifenyddion Gwladol â pharch i'r genedl. Ystyriai George Thomas ei hun yn Gymro, ond brwydrodd yn ffyrnig yn erbyn unrhyw fesur o blaid yr iaith Gymraeg a hunanlywodraeth. Fel llefarydd Tŷ'r Cyffredin ac Arglwydd roedd yn mwynhau seremonïau brenhinol a'u gwisgoedd traddodiadol. Fel Ysgrifennydd Gwladol Cymru bu'n drychinebus. Un arall a gododd wrychyn filoedd o Gymry oedd John Redwood, nad oedd ganddo ddim i'w ddweud wrth y genedl. Ar y llaw arall yr oedd Peter Walker yn hoffi Cymru ac yn gefnogol iawn i'r iaith Gymraeg fel y nododd mewn llythyr ataf.

Cysylltwyd enw Gwynfor Evans â brwydr Tryweryn a chywir hynny. Bu ei ymroddiad i'r achos yn un ysbrydoledig a phwysig, ond bu ei gyfraniad i'w genedl yn llawer mwy cynhwysfawr. Trwy ei lyfrau ar hanes Cymru, ei hunangofiant a'i gyfraniadau gwleidyddol yn y ddwy iaith, darbwyllodd ei ddarllenwyr fod dyfodol disglair o fewn cyrraedd ond rhaid gweithredu gyda hyder a ffydd. Yr oedd yn areithiwr gwych, gydag arddull foneddigaidd, ond amharod fu'r etholwyr i'w ddewis fel aelod seneddol er iddo wneud argraff ddofn ar ei gyd-aelodau ar Gyngor Sir Caerfyrddin.

Ymddengys mai amser digon digalon a gafodd Gwynfor Evans yn ystod ei dymor cyntaf fel aelod seneddol a chael ei anwybyddu gan nifer o'r aelodau Cymreig. O dipyn i beth, daeth hyd yn oed y Saeson i sylweddoli mai dyn galluog a soffistigedig oedd y gŵr o Langadog.

Newidiodd delwedd Plaid Cymru ymhellach yn Hydref 1974 pan etholwyd y ddau Ddafydd yn gwmni iddo yn Nhŷ'r Cyffredin. Sylweddolwyd yn fuan iawn nad oedd y ddau yma yn ffyliaid ychwaith. Cynyddodd statws y tri aelod yn enwedig yng nghyfnod James Callaghan fel Prif Weinidog, pan y dibynnodd dipyn ar eu cefnogaeth.

Y ffawd fwyaf i Gymru efallai oedd i Dafydd Wigley droi ei yrfa o fywyd bras y dyn busnes i gyfeiriad gwleidyddiaeth. Yn ei hunangofiant tra diddorol rhydd y rheswm am y newid cyfeiriad. Yn tudalen 17 rhydd y ffactorau a'u gwnaeth yn wleidydd ond hefyd yn genedlaetholwr, a'r cyntaf o'r rhain oedd boddi Cwm Tryweryn: "Dangosodd Tryweryn mor gwbl ddiymadferth oedd ein gwleidyddion."

Un o gymwynasau Dafydd Wigley oedd ystyried sefyllfa economaidd Cymru, nad oedd yn faes arbenigol i Gwynfor Evans. Bu ei waith ymchwil ef a Phil Williams sef "An economic plan for Wales" yn agoriad llygad i'r gwawdwyr niferus.

Dilynwyd y tri uchod i San Steffan gan Cynog Dafis a chyfrannodd ef hefyd at godi statws yr aelodau o Gymru.

Darllenwyd llawer am gyfraniad Gwynfor Evans i ymgyrch cael sianel deledu arbennig i Gymru ac fel y newidiodd yr "Iron Lady" ei meddwl – peth annisgwyl iawn – ac agor y drws i fodolaeth S4C. Roedd ei barodrwydd i newynu hyd farwolaeth wedi rhoi clep derfynol ar y rhai a'i beirniadodd cynt am ei ymlyniad at bolisïau heddychol a thorcyfraith.

Rhaid atal rhag meddwl mai Plaid Cymru'n unig a fu'n gyfrifol am y newid agwedd a ledaenodd dros Gymru. Fe wnaeth y pleidiau eraill eu rhan hefyd. Ni ellir yma ymdrin â thestun mor eang. Bu rhai aelodau seneddol ardderchog a daw dau i'r meddwl sef Ron Davies, a fu'n allweddol i ddyfodiad y Cynulliad, ac Adam Price am y dyfyniad yma: "Fyddai Cymru ddim y wlad yw hi, na Sir Gâr y sir yw hi, oni bai am gyfraniad Gwynfor."

Pennod 8

O FYND YN ÔL Y dyddiau hyn i gyffiniau Llyn Celyn daw tipyn o hiraeth a thristwch o weld y tai na foddwyd, a deall bod rhai ohonynt yn dai haf i estroniaid. Edrycha'r bryniau oddi amgylch y llyn yn dra gwahanol gyda choed bythwyrdd yn eu gorchuddio. O'r bobl a drigai yma cyn y boddi, dim ond dau le sydd â phobl a berthyn i'r ardal. Da yw gweld, o'r ffordd ar ogledd y llyn, y Penbryn Mawr newydd yr ochr draw yn agos i'r lle y safai arosfan y trên. Yno triga Aeron Jones. Fel y gwelir yn ei golofn fisol yn *Pethe Penllyn*, Aeron Prysor yw ei enw erbyn hyn. Mae Aeron yn ŵyr i Jane Edwards. Gwraig pur eithriadol oedd hi, yn hynod ei llinach a'i gallu, heb sôn am ei phersonoliaeth groesawgar a'i choginio bendigedig. Bu hi yn hynod garedig i'n teulu ni ar ôl colli ein mam.

Ychydig i'r gogledd o'r bont dros y Gelyn ceir cartref Gwynlliw ac Audrey Jones. Gyda'i fab Rhodri, bu Gwynlliw yn dal i ffermio defaid i gyfeiriad Ysbyty Ifan, tra bod mab arall ac un ferch yn ddau o ddwsin neu fwy o Gwm Tryweryn a ddaeth yn athrawon ysgol. Fel llawer o feirdd gwlad cyfansoddodd Gwynlliw nifer o englynion o safon tra bu Audrey'n ymddiddori mewn olrhain achau teuluol. Trist iawn i mi, a fu'n chwarae cymaint ag ef, oedd ei golli ym Mehefin 2007.

Dëellir i nifer o'r hen gartrefi fynd ar werth am brisiau hynod uchel a bod "pobl newydd" wedi cyrraedd yr anialwch diwylliadol a fu unwaith yn ferw o fywyd a lleisiau plant.

Penderfynais, wedi cael fy mherswadio, gofnodi fy argraffiadau yn dilyn hanner can mlynedd ers y boddi, ac y byddwn yn gochel rhag agor *Cofio Tryweryn*. Wrth olrhain trefn y digwyddiadau bryd hynny, peidiais â manylu ar hanes fy nheulu, yn enwedig hanes fy chwaer Elisabeth. Cefais fy meirniadu am hyn, felly nodaf tipyn o'r hanes yma.

Ganed Elisabeth, fy chwaer hynaf, yng Nghwm Celyn yn Wern Tegid a ailadeiladwyd fel tŷ haf yn ddiweddar ar ôl i adeiladwyr yr argae ddefnyddio cerrig y tŷ gwreiddiol wrth ei adeiladu. Watkin ac Annie Jones oedd ei rhieni. Roedd y tad yn ddisgynnydd o linach y Watkins, sef teulu pur ddiddorol a ymchwiliwyd iddynt yn drylwyr gan Roy Watkins, gynt o Brifysgol Norwich. Cyn symud i'r llythyrdy a'r siop yng Nghelyn, bu 'nhad yn ffermio'r tyddyn drws nesaf i'w dad Robert Jones. Er nad oedd ganddo ddiddordeb fel siopwr, roedd yn dra amlochrog a gweithredai fel cymydog a gweinyddwr di-dâl yr ardal – boed yn dynnu llo, cneifio, trwsio beiciau modur, cyfansoddi englynion cof am y meirw, arwain partïon cerdd, hyfforddi a phrofi ym maes tonic sol-ffa, arwain partïon lu a beirniadu yn yr Eisteddfod Genedlaethol, gosod a hyfforddi ym myd cerdd dant a thipyn mwy. Ar wahân i'w wybodaeth am gerddoriaeth a'r gallu i gyfeilio (mynychodd ddau neu dri cwrs haf mewn cerddoriaeth yn Aberystwyth yn amser Joseph Parry) bu'n arweinydd côr meibion tra llwyddiannus toc wedi 1900. Yn y côr hwnnw roedd Bob Tai'r Felin a oedd yn denor gwych pan yn ifanc ac a ddaeth yn enwog fel canwr baledi ac ati ar y teledu yn ei wythdegau. Yn ogystal ag ennill gyda'i gôr, enillodd fy nhad nifer o wobrau gyda'i gi defaid. Ger y Bala, tua 1890, cynhaliwyd y sioe gŵn gyntaf yn y byd a pharhaodd y sioeau hyn yn boblogaidd hyd heddiw. Un rhinwedd a werthfawrogais ynddo ef oedd ei oddefgarwch pan gollai ei ddisgyblion mewn eisteddfodau. Chlywais i erioed mohono'n beirniadu'r beirniad!

Ganed fy mam yn Ysbyty Ifan, yr hynaf o dri o blant a gollodd eu tad cyn iddo gyrraedd ei hanner cant oed, ond bod yn ffodus o gael mam eithriadol weithgar ac amlochrog. Symudodd y teulu i Rydlydan toc iawn. Cefais anhawster wrth olrhain man ac amser geni Mam ond trwy glyfrwch fy ffrind John Dymond

COR PLANT CAPEL CELYN.
BUDDUGOL YN EISTEDDFOD LLANGWM, 1933.

Côr llwyddiannus yn y tridegau. Enillodd partïon plant a merched yn y Genedlaethol sawl gwaith o dan Watcyn o Feirion.

a'i gyfrifiadur darganfuwyd y manylion. Wrth deithio Prydain gyfan yn ei uchel swydd, gwrandawodd John ar raglenni dysgu Cymraeg ar radio ei fodur. Wedi ymddeol, ef oedd yr olaf a'r mwyaf brwdfrydig o'r llu a hyfforddais dros y blynyddoedd. Mae John yn hynod falch o'i Gymraeg a'i ddiddordebau newydd.

Yng nghyfrifiad etholiadol Ysbyty Ifan 1871, disgrifiwyd Annie Thomas fel "student teacher" a chesglais, o ddarllen papur newydd adeg ei hangladd, iddi ddal swydd fel athrawes yn Llandudno a Barnsley o bob man! Bu hi farw yn ddeugain oed yn Chwefror 1924 a gadael saith o blant yn amddifad. Oherwydd hyn, roedd Elisabeth, y ferch hynaf, wedi gorfod gadael yr ysgol cyn eistedd ei harholiad uwch, a chymryd gofal o'r cartref. Yn wyneb y pwysedd symudodd Robert, y mab hynaf, i'r Mwmbwls lle roedd ei ewythr John yn adeiladydd adnabyddus. Bu'r profiad yma yn un ysgytwol a thrist iddo. Tra oedd ei ewythr, heb blentyn ei hun, yn Gymro Cymraeg cartrefol, roedd ei wraig dipyn yn ffroenuchel ac yn cymysgu â haen o wragedd breintus Abertawe, pobl fel mam Ivor Novello ac aelodau ei chôr merched. Saif y tŷ, a elwid bryd hynny yn "Hedd Wyn", ymysg y rhes o dai a adeiladodd Yncl John islaw'r castell ac sydd yno hyd heddiw.

Yn y cyfamser, bu'n rhaid i John, Hannah ac Albert fynychu Ysgol Ramadeg y Bala ac roedd hyn yn golygu dal y trên yng ngorsaf Arenig am chwarter wedi wyth y bore. Byddid yn gorfod gadael y tŷ toc wedi hanner awr wedi saith yn nhywyllwch y gaeaf a theithio ar droed i fyny i Arenig, sef taith ddiflas yn y gwynt a'r glaw yn aml, a threulio'r dydd mewn dillad llaith. Dychwelyd wedyn i'r un profiad a chyrraedd adref tua phump o'r gloch i wynebu'r gwaith cartref. Bryd hynny, byddai'n rhaid i blant ysgol fynd â'u bwyd amser cinio efo nhw a gorfod, fel arfer, aros allan o'r ysgol ganol dydd. Ar gyfer teithio ar y trên byddai'n rhaid i'r rhieni dalu am docyn tymor dair gwaith y flwyddyn. Nid rhyfedd felly i John ac Albert ddal cwningod a thyrchod daear (a blingo'r tyrchod am eu crwyn) i dalu peth o gost y tocynnau.

Trwy orfod gadael yr ysgol a dyfodol addawol, aberthodd Elisabeth ei dyfodol a'i hamdden. Fel bron bob tŷ arall yn yr ardal doedd na ddim dŵr na thrydan yn y tŷ, a dibynnid ar olau lampau paraffin "Aladdin" a chanhwyllau. Dwy flwydd oed oeddwn i, a Dorothy (Donos) yn bedair, pan fu marw Mam. Bu Elisabeth fel mam i ni, a gobeithiaf y gall darllenydd y llyfryn yma faddau i mi os y teimlir i mi fod yn hael fy nghyfeiriadau ati. Yn anffodus dioddefodd hi o glefyd y gewynnau yn ei harddegau a thybir i hyn effeithio ar ei hiechyd yn ddiweddarach.

Braidd yn rhyfedd oedd yr enwau a roddwyd ar blant y Llythyrdy a chredir i Anti Sowth fod yn ddylanwad. Gellir tybio i John a'r May yn Elizabeth May ddod o'i chyfeiriad. Hannah oedd enw Nain Rhydlydan tra gwnaeth ymweliad y Frenhines Victoria

*Teulu'r Llythyrdy ym mhriodas Dorothy (Donos) yn 1946. Enillodd
Donos lawer gwaith yn yr Eisteddfod Genedlaethol. Y milwr yn y llun
yw'r awdur!*

Priodas Nin. Roedd bron pawb o "bobol Celyn" yno.

a'i gŵr Albert â'r Bala roi i Albert yr enw a gasâi. Mae'n sicr i Anti Dorothy gael ei phlesio pan enwyd y drydedd ferch yn Dorothy, tra cefais i, faban olaf y teulu, enw fy nhad. Un peth rhyfedd oedd y llysenwau a fabwysiadwyd, ac ofnaf i mi gyfrannu'n helaeth at yr arferiad a galw Elisabeth yn Lisi Mê, Hannah yn Nin a Dorothy yn Donos. Er i ni wynebu llawer o anawsterau cawsom gartref heddychol a hapus dros ben.

Yr oedd Elisabeth yn ddarllenwraig awchus ac wedi i'w dau frawd a'i chwaer adael y nyth, cafodd gynnig swydd fel athrawes *supplementary* yn yr ysgol leol lle roedd Donos a fi. Bryd hynny roedd gweld lori neu gar modur ar y ffordd yn beth pur ddieithr, ac ymwelais â'r ysgol cyn bod yn dair oed gan gicio'r drws a galw ar Momos, sef Miss Thomas y brifathrawes, i'm gadael i mewn. Roedd Elisabeth wedi dysgu darllen cerddoriaeth a chanu'r organ a'r piano a oedd gennym gartref gyda chymorth ei thad, a dysgodd ei hun i ganu'r delyn rai blynyddoedd wedyn.

Fel llawer o ardaloedd cefn gwlad bu diboblogi yng Nghwm Tryweryn a bu lleihad yn nifer y plant a fynychodd Ysgol Celyn. O ganlyniad symudwyd Elisabeth i Ysgol Maes-y-waun yr ochr draw i Fynydd Nodol. Golygai hyn iddi orfod seiclo hanner ffordd, gadael ei beic yn arosfan drenau Tyddyn (lle saif yr argae nawr) a cherdded tua dwy filltir arall. Wedyn dychwelyd yn y prynhawn. Gwnaeth hyn tan i nifer plant Maes-y-waun leihau hefyd. Symudwyd hi wedyn i Ysgol Gynradd y Bala, a dyna pryd y gadawodd ardal Tryweryn. Er hyn, ystyriai ei hun fel merch o Gelyn. Dyna pam yr aeth i gyfarfod agoriadol y Pwyllgor Amddiffyn ym Mawrth 1956.

Gyda cholli brwydr Tryweryn, a hithau wedi rhoi cymaint o'i hamser a'i hegni i'r gwrthwynebu, gellid disgwyl i Elisabeth suro mewn digalondid a brefu beiau ar bobl, ond ni ddigwyddodd hyn. I'r gwrthwyneb. Prin y soniodd am y peth wrthyf. Gwyddwn ei bod wedi bwriadu cofnodi hanes yr ymgyrch ond syrthiodd mewn cariad â gwr ifanc o Wlad Pwyl a ddaeth, fel eraill, o'r wlad honno i ardal Llanuwchllyn. Y gŵr hwnnw oedd Josef Mroviec. Cafodd Jo brofiadau unigryw fel milwr. I gychwyn cafodd ei orfodi i lafurio i'r Almaenwyr a goncrodd ei ardal a dod i wynebu'r Rwsiaid. Maes o law dihangodd o un wlad i'r llall nes ymuno yn y diwedd â llu arfog y Pwyliaid o fewn byddin Prydain.

Wedi priodi, a'i hiechyd yn gwanhau o wendid y galon, penderfynodd Elisabeth ymweld â de Gwlad Pwyl gyda'i gŵr a gyrru yno'r holl ffordd yn ei char modur. Gweithred annoeth iawn oedd y daith, ond mwynhaodd y profiad. Wedi dychwelyd, ysgrifennodd gyfrol ar ffurf llyfr taith a enillodd wobr gyntaf yn Eisteddfod Genedlaethol Abertawe. Er y blinder, bu ei blynyddoedd olaf yn rhai hapus iawn ond ni chyflawnodd ei bwriad i adrodd hanes y boddi.

Ers hynny, fodd bynnag, gwelwyd nifer o bobl mewn tudalennau a'r cyfryngau yn elwa o sôn a thrafod colli Capel Celyn. Ni chedwais i geiniog o gyhoeddi *Cofio Tryweryn.*

Yn gynnar ar fore 21 Mehefin 1965 bu farw Elisabeth yn Ysbyty Maelor, Wrecsam. Yr oedd hyn cyn dyfodiad y *pacemaker* a'r datblygiadau enfawr ym myd trin gwendidau'r galon. Profiad dwfn i mi oedd cael bod ger ei gwely yn ystod ei dwy awr olaf, gyda'i chalon yn methu a'i bywyd yn tawel gilio. Yr oedd fy nyled iddi yn anfesuradwy.

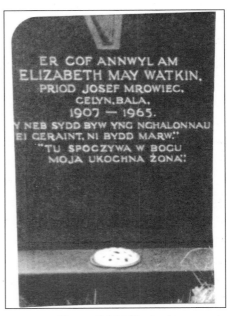

Carreg fedd Elisabeth.

Dros y blynyddoedd ceisiais fod yn gywir a theg trwy gael sylwadau am frwydr Tryweryn gan wahanol unigolion. Byw yn Lloegr oeddwn i bryd hynny yn y pumdegau ac er siarad mewn cymdeithasau Cymraeg, pobl heb angen eu hargyhoeddi oedd yr aelodau, heb fawr angen dylanwadu arnynt. Yma ac acw efallai y ceir yr argraff fy mod yn casáu'r Blaid Lafur. Nid gwir hynny, ond bu'r cysylltiadau a wnaeth y blaid honno â'i chyd-bleidwyr yn Lerpwl yn wir siom i mi.

Yr oedd dau aelod o ogledd Cymru yn y Blaid Lafur a oedd ag enw da am eu hagwedd tuag at Gymreictod a'r iaith Gymraeg. Un oedd Goronwy Roberts, Arfon a'r llall oedd Cledwyn Hughes, aelod Ynys Môn. I geisio bod yn deg anfonais lythyr at Cledwyn Hughes, nad oedd wedi ei ddyrchafu'n arglwydd bryd hynny, yn gofyn am ei sylwadau ynglŷn ag ymgyrch Tryweryn ac i ddisgrifio cyfraniad ei blaid a'i gyd-aelodau Llafur. Yn ei lythyr ateb croesawodd y ffaith fod stori Tryweryn yn cael ei chofnodi gennyf, ond ei fod yn rhy brysur i gynnig sylwadau.

Cwestiynais eraill am eu hargraffiadau. Yn naturiol ddigon bu farw llawer o'r bobl leol a fu'n byw yn ardal Tryweryn ac a effeithiwyd arnynt. Un person y bum yn ffodus o gael ei sylwadau, gan y bu ei gyfraniad ef yn bwysig, oedd Ifor Owen, Llanuwchllyn, a thrist oedd ei golli ym Mai 2007. Pwysleisio cyfraniad Elisabeth a wnaeth ef. Meddai: "*Mainspring* y pwyllgor, wrth gwrs, oedd eich chwaer a roddodd ei holl egni i'r gwaith. Os oes rhywun yn haeddu cofgolofn, y hi sydd".

Ateb Elisabeth dybiaf i fyddai ei bod hi wedi rhoi dwy flynedd o'i bywyd i Dryweryn, tra rhoddodd ef ddeugain mlynedd o wasanaeth i'r Urdd ac i ysgolion Cymru. Dylai ef gael ei ychwanegu at gofeb y ddau ŵr enwog arall a welir yn Llanuwchllyn.

Eto, ymddengys y bu cinio dathlu Gŵyl Dewi yn y Bala yn 1957 gyda llenor enwog y dydd yn ŵr gwadd. Ei sylw ef oedd: "Sut bynnag y try'r frwydr mae Cymru dan ddyled dros byth iddi." Dyna eiriau Islwyn Ffowc Elis amdani.

Rhyfedd os nad dymunol oedd derbyn datganiadau o ganmoliaeth fel yr uchod, a sylwadau clodfawr eraill gan Gwynfor, ond ni welais Elisabeth yn ymhyfrydu ynddynt. Roedd yn ddigon iddi hi deimlo ei bod wedi gwneud ei rhan fel un o drigolion ffyddlon Cwm Tryweryn.

Os y bu Gwynfor yn gyfaill ac yn gefn i Elisabeth, bu yn arwr i'w chwaer iau hefyd. Pan oedd Donos yn byw yn Nhrawsfynydd ymddiddorai, fel ei chwaer Nin, mewn gwleidyddiaeth yn fwy na neb arall o'r teulu. Roedd y ddwy chwaer yn frwdfrydig dros y Blaid Lafur a oedd, bryd hynny, yn pwysleisio tegwch cymdeithasol a chymorth i'r llai breintiedig. Pan symudodd Donos a'i theulu i fyw i Langadog, daeth o dan ddylanwad y cyfareddwr gwleidyddol a dod yn aelod brwdfrydig o'i Blaid.

Mewn llythyr ataf yn yr wythdegau ysgrifennodd Gwynfor: "Wn i ddim a oeddech yn adnabod Dorothy cystal? Cymeriad gwahanol i Elisabeth oedd hi, gwylltach, mwy allblyg, ond dawnus ryfeddol ac mor driw â'r dur. Wedi ei hachub o'r tân Llafur, bu'n gweithio yn fy erbyn yn Nhrawsfynydd (etholiad 1950), bu'n werth ei phwysau mewn aur i Blaid Cymru ac i'n diwylliant gwledig Cymreig. Yr oedd ei hamser yn Llangadog yn ddyddiau euraidd i'r gymdogaeth hon na welwyd ei thebyg wedyn."

Rhyfedd, ond annwyl a naïf, iddo amau a oeddwn yn adnabod y chwaer y bu imi gyd-fyw â hi yn Llythyrdy Capel Celyn am ddeunaw mlynedd!

Pan fu farw Donos o'r cancr yn hanner cant oed, a hithau, o dan nawddogaeth hael Mr a Mrs Trefor Morgan, wedi dechrau casglu plantos a dod yn Drefnydd cyntaf Cylchoedd Meithrin ym Morgannwg, talwyd teyrnged iddi yn ei hangladd gan Gwynfor Evans.

Bryd hynny, roedd Gwynfor yn aelod seneddol ac yn lletya yn Llundain. Nid bychan oedd ei anhwylustod yn cychwyn o'r brifddinas yn oriau mân y bore i ddod i'w chynhebrwng ym Mhen-y-bont ar Ogwr. Dyna esiampl o deyrngarwch a dilysrwydd y dyn.

Y gwahaniaeth mawr rhwng Owain Glyndŵr a Gwynfor yw'r ffaith i Owain gael gweledigaethau bendigedig er lles Cymru, methu, a chilio i ddirgelwch, tra cafodd Gwynfor obeithion, nifer o siomedigaethau creulon, ond rhai gorchestion hefyd a'u gweld yn ffrwythloni ac yn rhoi gobaith newydd i'r dyfodol. Mae'n bosibl i frwydr Tryweryn gael ychydig, os nad tipyn go lew, o ddylanwad ar y deffroad Cymreig a gwneud i Brydeindod ddod yn ail beth ym meddylfryd Cymry'r ganrif hon.

Dros y blynyddoedd clywyd y cwestiwn a allai "Tryweryn" arall ddigwydd?

Rhybuddiwyd ni gan Thomas Davies, Rhaeadr Gwy yn 2006 fod y syniad o godi argae uchaf Cwm Elan, sef y Graig Goch, yn dal yn ddeisyfiad cudd gan gorfforaeth Birmingham. Gyda phwerau ein Cynulliad yn gyfyngedig a chyda golwg ar gyflenwi dŵr i ofynion Lloegr, rhaid cadw'n effro!

Siawns nad yw rhagwelediad Gwynlliw yn ei gerdd i Lyn Celyn yn gywir:

> Nid llyn fydd Celyn 'n y co'
> Ond offrwm ddaeth i'n deffro.
> O oes i oes fe fydd sôn
> Am ystryw a grym estron.